Erfahrungs
räume
innerer
Achtsamkeit

Christian Uebele, Tony Hofmann

Zeit für Lösungen

Zwölf Prinzipien, die festgefahrene Situationen
in Bewegung bringen

ZKS Verlag für psychosoziale Medien
Erfahrungsräume innerer Achtsamkeit

Impressum

CIP-Titelaufnahme der Deutschen Bibliothek:

Christian Uebele, Tony Hofmann
Zeit für Lösungen
Zwölf Prinzipien, die festgefahrene
Situationen in Bewegung bringen

© 2020 Christian Uebele, Tony Hofmann
ISBN: 978-3-947502-36-3
Cover und Layout: Hanna Hoos
Druck und Vertrieb: BoD Norderstedt

Herausgeber der Reihe „Erfahrungsräume innerer Achtsamkeit“:
Tony Hofmann

ZKS Verlag für psychosoziale Medien
Albrecht-Dürer-Str. 166
97204 Höchberg
info@zks-verlag.de
www.zks-verlag.de

Die Lösungsuhr® ist ein professionelles Werkzeug zur Entwicklung von Lösungen für komplexe und verfahrene Situationen. Sie kann in der Einzelarbeit und in Teams eingesetzt werden.

Christian Uebele und Tony Hofmann haben das Manuskript zu diesem Buch gemeinsam verfasst. An Stellen, an denen ein bestimmter Gedanke oder eine Position wiedergegeben wird, auf die einer von uns beiden besonders viel Wert legt, haben wir den entsprechenden Namen in Klammern hinzugefügt.

Inhalt

1.   Wirkweise der Lösungsuhr®

Die Lösungsuhr® ist ein Werkzeug, das dabei hilft, in komplexen und verfahrenen Situationen stimmige Ansatzpunkte für funktionierende Lösungen zu finden. Die Lösungsuhr® entwickelte sich in der Arbeit mit verhaltensauffälligen Kindern und Jugendlichen, kann aber auch in anderen Kontexten eingesetzt werden. Sie ist nicht gedacht für den direkten Einsatz im Feld, sondern für die Reflexion von als schwierig empfundenen Situationen. Sie wird also vorrangig verwendet in der Supervision, in der Psychotherapie, in Fallbesprechungen, in Team-Beratungen und in kollegialen Meetings.

Im Praxisalltag mit der Lösungsuhr hat sich gezeigt, dass es für jede Frage geeignete Lösungsbilder gibt. Oft besteht die Schwierigkeit nicht darin, Lösungen zu finden, sondern darin, sich auf zwei oder drei zu beschränken. Mit Hilfe der Lösungsuhr® findet man normalerweise mehr Lösungsprinzipien, als man sich eigentlich vorgenommen hat. Sie können sich also aus dieser Fülle die besten Prinzipien aussuchen. Unsere Erfahrung: Wir schwimmen förmlich in Lösungen. Besonders erhellend war die Beobachtung in einer Fortbildung, die ich (Christian Uebele) einmal machte. Ich war eingeladen in ein Team, das schon seit Jahren ständig bestimmte Probleme wälzte. Die Lösungsuhr® brachte diese Menschen in extrem kurzer Zeit dazu, sich nur noch mit Lösungen zu beschäftigen.

Die Lösungsuhr® hat ein weit größeres Potenzial, als nur das Feld der Pädagogik oder der Psychotherapie. Dennoch entwickeln wir sie in diesen beiden Kontexten, da hier unsere größte berufliche Expertise liegt. Die Beispiele, die wir in diesem Buch meist für den pädagogischen Kontext „Kindergarten" darstellen, lassen sich leicht übertragen auf andere, verwandte Felder. So kann die Lösungsuhr® z.B. auch in der Schule, in der Psychotherapie mit Erwachsenen oder mit älteren Jugendlichen und in der sonderpädagogischen oder psychosozialen Beratung, in der Elternarbeit oder in der Erziehungsberatung eingesetzt werden. Auch in Businessteams wirkt sie, wie die Erfahrung zeigt. Der „Kindergarten" könnte somit auch in humorvoller Weise verstanden werden als ein bestimmter Typ des zwischenmenschlichen Umgangs von Menschen, der nicht in Richtung „Gelingen" deutet. So heißt es umgangssprachlich ja manchmal empört: „Sind wir denn hier im Kindergarten?" Eine solche Verwendung des Wortes enthält jedoch in den meisten Fällen ein Missverständnis. Kindergärten sind heutzutage oftmals sehr komplexe und feinfühlige Institutionen, und können damit Vorbildcharakter aufweisen. Die umgangssprachliche Abwertung ist also zumeist alles andere als gerechtfertigt. Vom Kindergarten, als einem oftmals partizipativ und demokratisch gestalteten System, kann man heutzutage viel lernen. Die zwölf lösungsorientierten Grundprinzipien, die wir an seinem Beispiel entwickeln und schildern, sind somit fast schon allgemeingültig.

Die Entwicklung der Lösungsuhr® wurde wissenschaftlich begleitet durch den Lehrstuhl für Pädagogik bei Verhaltensstörungen der Universität Würzburg. Was uns sehr am Herzen liegt, ist die hohe fachliche Qualität dieses Tools. Deshalb legen wir Wert auf eine gut durchdachte theoretische Fundierung. Diese soll im Folgenden kurz dargestellt werden. Alle Leserinnen und Leser, die aus fachlichem Interesse weiter in die Hintergründe einsteigen wollen, können sich in den wissenschaftlichen Rahmen, der in der Arbeit mit der Lösungsuhr® Anwendung findet, selbständig vertiefen (z.B. bei Hofmann, 2017; Hofmann & Freitag, 2018; Hofmann, 2020b).

1.1 Was ist eine Störung?

Wir verstehen Störungen im sozialen Miteinander generell als Interaktionsstörungen (Stein, 2018). Das bedeutet, dass einzelne Personen, wie Kinder und Jugendliche, möglicherweise auffällig sind, aber niemand ist gestört. Keine Störung liegt allein in einer einzelnen Person. Sie zeigt sich in den Prozessen, in denen der einzelne Mensch mit seiner Umwelt in Beziehung steht. Diese Prozesse sind es, die im Falle einer Störung verzerrt, behindert oder gestoppt sein können (Hofmann & Heselhaus, 2018). In einer solchen Situation werden beispielsweise bestimmte Bedürfnisse beim Kind, aber auch bei Eltern, Lehrkräften oder Erzieherinnen und Erziehern nicht erfüllt. Die Idee des „gestoppten Interaktionsprozesses" ist unser zentraler theoretischer Ausgangspunkt. Als Leitgedanke wird er dabei unterstützen, besser verstehen zu können, warum sich bestimmte Menschen so verhalten, wie sie es tun (z.B. aggressiv, ängstlich oder unaufmerksam). Daraus abgeleitet lassen sich Ansatzpunkte finden, die die Frage stellen, was in der Praxis verändert werden kann, um gestoppte Interaktionsprozesse in Richtung „Gelingen" zu verändern: Was genau ist nötig, damit es (wieder) „rund läuft"?

Gelingendes soziales Miteinander bedeutet, dass Wege gefunden werden, die von allen (relevanten) Beteiligten tragbar sind. Dieses spezielle Zusammenspiel wurde auf der Interaktionsebene von mir (Tony Hofmann) als „konkreative Kommunikation" definiert (2017, 188ff.). Das bedeutet, dass drei Arten von Stimmigkeit zugleich auftreten:

- Stimmigkeit mit mir selbst
- Stimmigkeit mit meinen Mitmenschen in der gegebenen Situation
- Stimmigkeit mit der Eigendynamik unserer Interaktionen.

Konkret geht es uns hier jedoch nicht um eine weitere theoretische Vertiefung, sondern um hilfreiche Ideen für das, was man in der Praxis tun kann, also um eindeutige Handlungsschritte und Interventionen. Gute Ideen, die die Konkreativität fördern, könnten einem Kind dabei helfen, zu lernen oder mit anderen Kindern zu spielen. Sie helfen zugleich auch den Lehrkräften oder Erziehern und Erzieherinnen in ihrer pädagogischen Arbeit. Sie unterstützen die Institution, in der die Problematik auftritt (z.B. die Schule), indem sie Lehr- und Lernprozesse (wieder) ermöglichen. Zudem lenken sie die Interaktionsprozesse (langfristig gedacht) in eine nachhaltig förderliche Richtung.

Das Ziel der Arbeit mit der Lösungsuhr® ist es, adaptive Ansatzpunkte für den professionellen Umgang mit auffälligem Verhalten zu finden. Natürlich kann die Arbeit mit diesem Werkzeug eine fundierte pädagogische oder psychologische Grundausbildung (bzw. ein Studium) nicht ersetzen. Die Ansatzpunkte, die mit der Lösungsuhr® erarbeitet werden, müssen vielmehr in ein Gesamtkonzept eingebettet sein und der individuellen fachlichen Haltung der professionell Tätigen entsprechen. Das meint: Jede und jeder professionell Tätige wird die Lösungsuhr® ein klein wenig anders verwenden. Das was wir hier beschreiben ist lediglich ein Vorschlag, der abgewandelt werden kann, wo es stimmig scheint.

Außerdem bieten wir eine Fortbildungsreihe für die professionelle Arbeit mit der Lösungsuhr® an, die aus Präsenzseminaren und aus regelmäßigen (auf digitalem Weg vermittelten) vertiefenden Impulsen besteht. Wir empfehlen, diese Fortbildungsreihe zu besuchen, wenn Sie ein Interesse daran haben, die „innere Logik" der Lösungsmethodik in all ihren einzelnen Facetten gedanklich zu durchdringen und alltagsbegleitend eine schier unendliche Vielzahl an Handlungsideen zu bekommen. Wir verstehen dieses Angebot so ähnlich, wie beim Umgang mit technischen Geräten: Wäre die Lösungsuhr® beispielsweise ein Auto, so können Sie es nach dem Lesen dieses Buches vielleicht fahren – das ist nicht nichts. Es bringt sie sicher von Ort zu Ort. Aber erst durch die Fortbildungsreihe verstehen Sie dann auch, wie der Motor, das Bremssystem usw. funktioniert. Sie können sehr viel flexibler und spontaner auf Situationen reagieren, indem Sie die Lösungsprinzipien verinnerlichen und sich völlig zu Eigen machen. Wir wollen Ihnen auf diese Weise flexible Gestaltungsspielräume in komplexen, unlösbar scheinenden Situationen eröffnen, indem wir Ihnen die Möglichkeit geben, eine Art „lösungsorientierte Grundhaltung" für alles, was Sie tun (sei es beruflich, aber auch privat), zu entwickeln. Oder anders gesagt: Uns ist sehr wichtig, dass das, was wir Ihnen beibringen und das, was Sie dann können, nicht nur an der Oberfläche wirkt, sondern wirklich „Hand und Fuß" hat.

1.2 Der Lösungsprozess

Um die Wirkweise der Lösungsuhr® verstehen zu können, sind drei theoretische Aspekte zentral. Sie sollen hier in drei Leitfragen ausformuliert und anhand eines Beispiels durchdacht werden:

1. Das Wissen um Interaktionsprozesse lässt uns verstehen, wie es zu gestoppten Prozessen kommt. Letztere nehmen wir möglicherweise als sehr unangenehm wahr. Wir haben z.B. ein Problem, etwas läuft nicht so, wie wir es uns wünschen oder wir befinden uns in einem Konflikt. Wir erleben unangenehme Emotionen. *Was ist in solch einer Situation nötig, um gestoppte Prozesse auf adaptive Weise wieder neu zum Laufen zu bringen?*

2. Die Materialien zur Lösungsuhr® zeigen metaphorische Darstellungen von Lösungsstrategien. Metaphern können eine große Kraft entfalten. Sie sind in der Lage, den Kern eines gestoppten Prozesses bildlich so auf den Punkt zu bringen, dass er wieder „gangbar" gemacht wird. *Was also sind spezifische Eigenschaften von Metaphern, so dass sie eine hilfreiche Wirkung entfalten können?*

3. Die Anordnung der verschiedenen Lösungsstrategien in Form einer Uhr, deren Ziffern rings um den Körper herum platziert werden, hat sich in der Praxis als besonders hilfreich herausgestellt. Ein Mensch, der eine Lösung sucht, wendet sich auf diese Weise dem Erleben zu, das in ihm wie ein „innerer Kompass" fungiert. Auf diese Weise wird es möglich, erlebensbezogen eine oder mehrere geeignete Lösungsstrategien auszuwählen und konkrete Hand-

lungsschritte zu finden. *Warum wirkt ein Bezugnehmen zum subjektiven Erleben lösend?*

In den nun folgenden Ausführungen werden diese drei Fragen systematisch durchdacht.

1.3 Laufende und gestoppte Prozesse

Interaktionsprozesse lassen sich als das Zusammenspiel von Implizieren und Geschehen beschreiben. Das meint: Manches von dem, was geschehen kann, geschieht. Anderes geschieht nicht. Und das, was tatsächlich geschieht, gibt wiederum eine Richtung vor für das, was weiterhin geschehen kann. Ein laufender Prozess setzt sich in diesem Sinne selbst fort: „Es läuft einfach". Wichtig ist in diesem Zusammenhang, zwischen sozialen und persönlichen Prozessen zu unterscheiden (Bartusch, 2020). Ein Beispiel soll diesen Unterschied deutlicher machen.

Nehmen wir zum Beispiel an, eine Kindergartengruppe wird von einem Erzieher betreut, der ein feines Gespür für die Bedürfnisse und Empfindungen der Kinder hat. Zugleich verfügt er über ein großes Repertoire an Möglichkeiten für das, was als nächstes getan werden kann. So strukturiert er Gruppenstunden auf bestimmte Weise, gibt bestimmte Materialien frei und weiß, was gerade passt, da er die Möglichkeiten und Grenzen der angebotenen Materialien kennt. So wählt er beispielsweise in einer konkreten Situation an einem Vormittag aus, ob die Gruppe als nächstes nach draußen in den Schnee spielen geht, oder ob sie etwas bastelt, oder ob verschiedene Aktivitäten gleichzeitig möglich sind. Dabei legt er Wert auf eine möglichst individuelle Berücksichtigung der Bedürfnisse und Lernstände der Kinder.

Natürlich kann nicht jedes Kind völlig eigenständig begleitet werden (dies ist sicherlich eine Frage der Gruppengröße
und der Ressourcen), dennoch gibt es immer wieder Über-
lappungsbereiche, so dass die Befriedigung der Einzelbe-
dürfnisse möglichst maximiert wird.

Ein Interaktionsprozess ist gerade dann gestoppt, wenn dies
zu kippen beginnt. An irgendeiner Stelle der Gruppe finden
wir nun bei einem oder mehreren Kindern unbefriedigte
Bedürfnisse vor, die auch mit noch so sorgsamer Kreativität
und Offenheit in der Tagesgestaltung nicht mehr erfüllbar
sind. Das, was in den persönlichen Prozessen dieser Kinder
impliziert wäre, kann also nicht geschehen. So könnte es
zum Beispiel sein, dass eine bestimmte Zahl von Kindern
eigentlich Bewegung im Freien bräuchte, jedoch ein gewal-
tiger Sturm mit Regen und Hagel im Laufe des Vormittags
das Hinausgehen unmöglich macht, so dass sich die Kinder
im Raum gefangen fühlen. Die Gruppe beginnt „zu kochen". Der soziale Prozess („Wir bleiben drinnen!") verhindert in diesem Beispiel die adaptive Weiterführung einiger
der persönlichen Prozesse der Kinder („Ich möchte mich
draußen bewegen!").

Hier kommt es nun darauf an, dass der Erzieher, der die
Gruppe leitet, das „Kochen" als solches zu erkennen vermag. Ich (Tony Hofmann) möchte besonders darauf hinweisen, dass der Begriff des Kochens eine metaphorische
Beschreibung der im Raum vor sich gehenden Interaktionen darstellt (siehe auch Abschnitt 1.4.). Nehmen wir an,
dass der Erzieher das „Kochen" zu spät bemerkt und es
nicht oder nur ansatzweise reflektiert. Dies würde in diesem Falle bedeuten, dass er selbst Teil des „Kochens" wird.

Dass also Gefühlszustände in ihm entstehen, die durch die Gruppendynamik gefüttert werden und die ihn selbst überfordern. Dies kann beispielsweise dazu führen, dass er aggressiv wird, um das „Kochen" im Zaum zu halten, dass er zu schreien beginnt und Strafmaßnahmen vornimmt. Dieser Zustand wäre die Beschreibung eines Prozessstopps bei ihm als Person („Ich verliere die Kontrolle.").

Ähnliche Prozessverläufe treten nicht nur in Kindergärten, sondern auch in vielen beruflichen Umgebungen auf. Zum Beispiel, wenn wir in Teams zusammenarbeiten. Vielleicht haben Sie auch in Ihrer Familie bereits derartige Situationen erlebt. Prozesstopps treten überall da auf, wo die Konkreativität (siehe Abschnitt 1.1.) „zerbricht". Um nun einen gestoppten oder einen sich dem Stopp annähernden Prozess in eine adaptive Richtung umzulenken, sind Maßnahmen erforderlich, die die gesamte Situation und deren Qualität berücksichtigen. Wenn Sie also „die Kurve kriegen wollen", so ist es nötig, zunächst innezuhalten und sich dessen gewahr zu werden, „was jetzt gerade vor sich geht". Es geht darum, sich bewusst zu machen und sich zu vergegenwärtigen, wie die Atmosphäre ist, was „in der Luft liegt".

Nur, wenn die Situation auch gefühlsmäßig verstehbar ist, hat man eine Chance, sie zu „begreifen" – und nur so wird eine Art der Kontrolle möglich, die nicht auf Aggression und Druck beruht, sondern eine, die spielerisch und leicht auch unter schwierigen Bedingungen eine gelingende Fortsetzung ermöglicht. Zentrales Merkmal hierbei ist die sprachliche Benennung dessen, was gerade „ist". Wenn es dem Erzieher gelingt, zum Beispiel mit einem Wort oder einer treffenden Formulierung, genau den Kern der Situation zu treffen, kann sich die Engstelle in eine Lösung verwandeln. Wenn er in seiner Reflexion eine passende Bezeichnung für das findet, was gerade vor sich geht, erlangt er den inneren Freiraum, angemessen darauf reagieren zu können. So ähnlich, wie das vor fast 200 Jahren der Dichter Joseph von Eichendorff schrieb: „Die Welt hebt an zu singen, triffst du nur das Zauberwort." (vgl. 1838), oder auch wie im Märchen „Rumpelstilzchen", in dem die Königstochter dem Zwerg seinen Namen sagt. Genau hier setzen die zwölf Metaphern der Lösungsuhr® an. Sie helfen dabei, ganz konkrete Vorschläge für gelingende Kommunikation mit jenen Menschen zu entwickeln, die sich auffällig verhalten. Beispielsweise unterstützen sie Erzieherinnen und Erziehern dabei, passende Zauberworte zu finden und zu formulieren. Dieser Prozess wird durch gute Fragen befördert, die wir im Lösungsuhr®-Tool als Ergänzung zu jeder der zwölf Lösungsstrategien zur Verfügung stellen.

1.4 Metaphern als Schlüssel zur Lösung

Wie lässt sich verstehen, dass gerade eine Metapher dabei helfen kann, gestoppte Prozesse in Richtung Gelingen voranzutragen? Gelingen meint hier, eine Situation so fortzuführen, dass die Schwierigkeit sich in Luft auflöst. Konkret bedeutet das, dass ein Großteil der Bedürfnisse der beteiligten Personen fühlbar wird und benannt werden kann. Gestoppte (Personen-)Prozesse werden dann so vorangetragen, dass sie wieder ins Fließen kommen. Wichtig: Das bedeutet nicht, dass automatisch alle Bedürfnisse erfüllt werden. Manchmal reicht es schon, wenn sie sichtbar sind und gehört werden (Dittmar, 2015).

Welche Rolle spielen also Metaphern in diesem Prozess? Um uns einer Antwort auf diese Frage anzunähern, ist es hilfreich zu verstehen, was eine Metapher eigentlich ist. Eine Metapher hat die Eigenschaft, dass sie sowohl sprachlich zu verstehen als auch als Bild interpretierbar ist (vgl. Gendlin, 1997). So können wir zum Beispiel das oben beschriebene „Kochen" in der Kindergartengruppe mit dem Wort „Kochen" bezeichnen (Aspekt der Sprache), zugleich sehen wir vielleicht einen Topf vor uns, in welchem sich eine Suppe befindet, die blubbert und heißen Dampf ausstößt (Aspekt des Bildes). Eine solche Kombination aus Wort und Bild hilft dabei, zum Kern der Sache zu kommen. Sobald es uns gelingt, eine Situation mit einer Metapher zu beschreiben, erfassen wir das Wesentliche und sind selbst nicht mehr (vollständig) Teil des Interaktionsgeschehens.

Im oben beschriebenen Beispiel wäre der Erzieher der Dynamik der Gruppe so lange ausgeliefert, solange er eben diesen Schritt noch nicht vollzogen hat. Die Kraft der Gruppendynamik (d.h. der soziale Prozess) erfasst auch ihn. Er verliert die eigene Souveränität und lässt sich zu den oben beschriebenen Zwangsmaßnahmen mitreißen. Ein Erzieher, dem es jedoch gelingt, mittels einer Metapher den Kern der Situation zu erfassen, erhält neue Handlungsspielräume. Er versteht, was gerade vor sich geht und kann dadurch sein kreatives Ideenrepertoire aktivieren.

Stellen wir uns vor, dass in dem Kindergarten Materialien vorhanden sind, aus denen sich Musikinstrumente herstellen lassen. Die eine Hälfte der Kinder, die noch ruhig ist, bringt möglicherweise die Geduld ins große Ganze der Gruppe ein, sich eine Weile mit Karton und Klebeband zu beschäftigen. Der andere Teil, der einen stärkeren Bewegungsdrang in sich hat, bringt die Lust und Leidenschaft mit, um Musikinstrumente herzustellen und sie schließlich auch zu benutzen. Beide Potenziale zusammengenommen ergeben ein gutes Gemisch aus Aktivität und Ruhe – sie ergänzen sich. So lassen sich vielleicht sehr einfache Rasseln oder Trommeln herstellen, was dann in ein Bewegungsspiel münden kann, in dem das Bewegungsbedürfnis der Kinder befriedigt wird. Der soziale Prozess dient in diesem Beispiel also den Prozessen der einzelnen Personen und steht ihnen nicht entgegen. Vielleicht kann hierzu auch eine motivierende Musik unterstützen, die diese Bewegungsenergie aufgreift und in konkretes kindliches Handeln umsetzt. Den Bedürfnissen der Kinder werden Räume geöffnet, sodass sie befriedigt werden – der Bewegungsdrang wird abgebaut. Die Konkreativität, die ohne das Innehalten des Erziehers „zerbrochen" wäre, funktioniert hier also wieder. Das Feld ist gewissermaßen „geheilt" (Möckel, 1982). Erinnern wir uns noch einmal daran, dass insbesondere das metaphorische Benennen dessen, was hier gerade vor sich geht, zentral zum Gelingen beiträgt. Weil der Erzieher intuitiv versteht, dass die Gruppe zu „kochen" beginnt, kann er die Wärme, die metaphorisch gesprochen gerade im Raum liegt, konstruktiv nutzen, um ein „Überkochen" zu verhindern.

Die Lösungsuhr® enthält zwölf typische Metaphern, die schwierige Situationen kennzeichnen und damit zugleich Ansatzpunkte für Lösungen eröffnen. Die Einteilung ergibt sich einerseits aus jahrzehntelanger praktischer Erfahrung (Christian Uebele), aber auch aus einem breiten theoretischen Wissensschatz über Konflikte und schwierige bzw.

herausfordernde Situationen (Tony Hofmann). Natürlich wird die Lösungsuhr® nicht in einer konkreten Praxissituation eingesetzt, sondern in deren Reflexion. Wir sind uns darüber bewusst, dass dies ein gewisses Dilemma erzeugt. Selbstverständlich wäre es uns lieber, wenn wir Menschen, die in der Praxis tätig sind, in herausfordernden Situationen wie ein Assistent („Knopf im Ohr") live beiwohnen könnten. So wäre es möglich, viele Situationen des Scheiterns von vornherein zu verhindern. Jedes Scheitern kann jedoch zum Lernen beitragen. Jedes Mal, wenn eine als schwierig empfundene, gescheiterte Praxissituation mittels der Lösungsmethodik reflektiert wird, entstehen neue, konkrete Gestaltungsspielräume, die dann beim nächsten Mal in der Praxis wirksam sein können. So scheitern wir also Stück für Stück in Richtung Gelingen voran. Idealerweise hat der Erzieher im oben genannten Beispiel nach einigen Situationen des Scheiterns die entsprechenden Lösungsansätze so stark verinnerlicht, dass ihm in der Zukunft auf intuitive Weise immer eine passende Strategie einfällt. Je öfter er die Uhr also zur Reflexion einsetzt, desto spielerischer und fließender wird sein Handeln werden.

Noch einmal zusammengefasst: Die Lösungsuhr® hilft dabei, den Schritt des Innehaltens zu vollziehen, in dem eine gute Metapher gefunden werden kann (Hofmann, 2017, S.290ff.). Der Schritt vom Gefangensein von der Eigendynamik einer Situation, hin zum Meistern einer Situation, wird mittels der hier vorgestellten Lösungsmethodik vollzogen. Wenn es dem Erzieher gelingt, die situative Komplexität, die in der Luft liegt, mittels einer passenden Metapher in ihrem Wesen zu erfassen, so wird er wieder handlungsfähig. Er „blickt wieder durch". Eine Metapher ist dabei so etwas wie ein Katalysator, der ein kreatives Potenzial für die Gestaltung der Situation weckt. Solange eine chaotische Gruppendynamik (sozialer Prozess) unbenannt ist und einfach abläuft, wie sie eben abläuft, haben wir keine Handhabe. Die Situation hat mehr Macht über uns, als wir über sie. Alles jedoch, was zum Beispiel mit einem Wort oder mit einem Bild benannt ist, wird potenziell auch aktiv umgestaltbar. Die Kraft einer Metapher kann also mit Hilfe der Lösungsuhr® systematisch für eine gelingende zwischenmenschliche Dynamik genutzt werden.

1.5 Das eigene Gespür schulen

Welche Rolle spielt in all dem das Gespür des Erziehers? Vergegenwärtigen wir uns noch einmal, dass das Gelingen pädagogischen Handelns viel damit zu tun hat, dass die zentralen Bedürfnisse aller beteiligten Personen benannt und die wichtigsten davon auch erfüllt werden können. Beispielsweise stellt das Leiten einer Kindergartengruppe, nimmt man diesen Grundsatz ernst, eine hohe Kunst dar (die meist nicht angemessen gewürdigt wird). Die große Leistung einer guten Erzieherin / eines guten Erziehers besteht darin, dass er im direkten Fühlkontakt mit der Gruppe als Ganzes und auch mit einzelnen Kindern steht.

Was jedoch ist Gespür? Ein gutes Gespür für andere hat paradoxerweise erst einmal viel mit einem guten Kontakt zu sich selbst zu tun (zum Begriff des „guten Kontakts" vgl. Perls, Hefferline & Goodman, 1997). Nur ein Mensch, der den eigenen Empfindungen Raum gibt, sie ernst nimmt, sie wahrnimmt und beachtet, hat die Fähigkeit, auch mit anderen Menschen stimmig umzugehen. Er lässt sich nicht in den Sog des Gruppenprozesses hineinziehen, sondern bleibt auch in schwierigen Situationen achtsam. Natürlich ist dieses Ideal nie vollständig umsetzbar. Dennoch kann es, ganz im Sinne von Carl Rogers (Teichmann-Wirth, 2003), als eine asymptotische Zielvorstellung angesehen werden. Asymptotisch bedeutet: Man kann sich diesem Ziel annähern, im Wissen, dass man es nie vollständig erreichen wird. Es ist jedoch sinnvoll, ein Leben lang zu üben, sich diesem Ideal anzunähern. Das Üben wird dann selbst zum Ziel.

Betrachten wir noch einmal das obige Beispiel der Kindergartengruppe, die zu „kochen" beginnt: Ein Leiter, der in gutem Kontakt mit der Gruppe steht, steht auch in gutem Kontakt mit seinen eigenen Empfindungen. So nimmt er das „Kochen" der Gruppe beispielsweise so wahr, dass sich in seinem eigenen Körperraum ein Druck bemerkbar macht, sagen wir zum Beispiel, in seinem unteren Bauchbereich oder an einer anderen Stelle. Er übergeht dieses Druckgefühl nicht, sondern wendet sich ihm achtsam zu. Indem er das Druckgefühl wahrnimmt, versteht er auf intuitive Weise, was zugleich in der Gruppe vor sich geht. Er bemerkt anhand dieser Empfindung, dass ein Teil der Kinder einen Bewegungsdrang entwickelt und kann somit angemessen darauf reagieren. Würde er seine eigenen Körperempfindungen nicht achtsam berücksichtigen, so könnte es sein, dass ihn das Druckgefühl mehr oder minder „automatisch" zu aggressiven Handlungen verleitet, die die Gruppe im Zaum zu halten versuchen. Im besten Fall lässt er sich also von seinen eigenen Empfindungen als Hinweisgeber leiten. Dann sind sie Wegweiser, die auf etwas hindeuten wollen. Im schlechtesten Fall übernehmen die Empfindungen völlig die Kontrolle über den Erzieher, so dass er ihnen mehr oder weniger hilflos ausgeliefert ist. Greenberg (2006) bezeichnet diesen Kontrollverlust als „emotionale Unterregulierung". Dann sind seine Empfindungen Tyrannen, die ihn in die Knie zwingen. Im letzteren Fall leitet nicht mehr der Erzieher die Gruppe, sondern die Situation dominiert über alle Beteiligten (über den Erzieher und die Kinder gleichermaßen).

Wer handelt also autonom? Autonom handelt ein Mensch, der seine Körperempfindungen achtsam und bewusst zu spüren vermag und deshalb frei entscheiden kann (siehe auch Stunde 5 und Stunde 11), was als nächstes zu tun ist. Kinder im Kindergartenalter können dies in der Regel noch nicht. Sie werden noch stark von ihren Körperempfindungen und von den Impulsen, die sich daraus ergeben, dominiert. Das reflektive System eines Menschen, die innere Stimme also, die plant, strukturiert und schlussfolgert, ist in diesem Alter noch nicht voll ausgeprägt (Strack & Deutsch, 2004). Das impulsive System jedoch, die innere Stimme also, die völlig ohne Nachdenken agiert, ist schon von Geburt an voll und ganz funktionsfähig. Die einzige Person, die in der Lage ist, in einer herausfordernden pädagogischen Situation besonnen zu handeln, ist also der Erzieher. Die Fähigkeit, das eigene Gespür ernst zu nehmen, ist ein zentrales Entscheidungskriterium dafür, ob die Situation alle Beteiligten wie ein Marionettenspieler dominiert – oder ob der Erzieher souverän und autonom bleibt.

Die Lösungsuhr® hilft systematisch dabei, das eigene Körpergespür auch in chaotischen Situationen zu aktivieren (zum Begriff des „Chaos": Speck, 1997). Die zwölf Lösungsstrategien stellen prototypische Ansatzpunkte dar, um gestoppte Prozesse auf adaptive Weise fortzusetzen. Dadurch, dass sich die lösungssuchende Person körperlich in die Mitte der zwölf ausgesuchten Uhrzeit-Kreise begibt (siehe auch Kapitel 2, Praxis), kann sie gar nicht anders, als körperlich zu spüren, welche dieser Strategien am erfolgversprechendsten ist. Ihr Gespür kann also gar nicht unberücksichtigt bleiben, denn die Person *muss* sich aktiv auf zwei der Lösungsstunden zubewegen, um sie auszuwählen. Würden die Lösungsstrategien lediglich auf einer Liste auf einem Blatt präsentiert, so wäre der Körper und dessen intrinsische Spürfähigkeit nicht so stark involviert. Die Methode, die Uhrzeitscheiben auszulegen, hilft also dabei, automatisch ins Spüren zu kommen und die Kreativität des eigenen Körpers zu nutzen. Ein Mensch, der inmitten von Lösungsmöglichkeiten steht, versteht nicht nur, was vor sich geht, sondern spürt zugleich auch schon erste Gestaltungsspielräume für das, was er konkret tun kann.

Falls Sie das Lösungsuhr®-Tool nicht besitzen, empfehlen wir deshalb dringend, sich die einzelnen Lösungsstunden, die im Praxisteil dieses Buchs beschrieben werden, auf Zettel zu schreiben und rings um sich herum auszulegen. So bleiben Sie nicht im Kopf, sondern Sie kommen körperlich in Bewegung. Die Arbeit mit der Lösungsuhr® trainiert auf diese Weise systematisch die Wahrnehmungsfähigkeit Ihres inneren Kompasses.

1.6 Adaptiver Umgang mit Emotionen

Bei all dem sollten wir bedenken, dass das Wahrnehmen und Nutzen des inneren Kompasses nicht gleichzusetzen ist mit dem blinden Ausagieren von emotionalen Handlungsimpulsen. Angenommen, ein Pädagoge schreit ein Kind an, einfach, weil er die Wut eben gerade in seinem Körper spürt. Dies ist keineswegs zielführend, sondern (psychisch) verletzend. Gerechtfertigt und erwünscht ist jedoch sehr wohl, den aggressiven Impuls in sich wahrzunehmen, also beispielsweise den Ärger körperlich zu verorten und als Ausdruck der eigenen Lebendigkeit wertzuschätzen. Es braucht jedoch auch Impulskontrollen, also bremsende und ordnende Instanzen in uns, damit die Interaktion gelingen kann. Der innere Kompass ist also nicht dasselbe wie eine bloße Emotion (Hofmann, 2017, S. 340).

Um den Unterschied zwischen „Gespür" und „Emotion" noch einmal sauber zu trennen, wollen wir folgende Leitgedanken für den adaptiven Umgang mit Emotionen festhalten:

1. Es kann durchaus gewünscht sinnvoll sein, einen normativen Rahmen (siehe auch Stunde 3) auszuformulieren. Dieser Rahmen kann zum Beispiel den Inhalt haben, dass alle Beteiligten respektvoll und gewaltfrei miteinander umgehen. Emotionale Handlungsimpulse, die sowohl bei der erziehenden Person als auch bei Kindern und Jugendlichen auftreten, dürfen sein (im Sinne von „Was ist, darf sein."), aber sie dürfen diesen Rahmen nicht aktiv verletzen.

2. Emotionen können eine Person auf eine adaptive Spur führen, jedoch auch Lösungen erschweren oder sogar unmöglich machen. Oft mischen sich alte Verletzungen in das Hier und Jetzt. Handlungsimpulse, die aus einer eigenen (vielleicht alten) Verletzung heraus erfolgen, sind, besonders im professionellen Rahmen, nicht zielführend. Hier gilt es, die alten

Muster zu erkennen, loszulassen und die tatsächliche Situation der Gegenwart dann „mit frischen Augen" zu sehen.

3. Gelingen wird da möglich, wo Körper, Emotionen und das Denken miteinander in Verbindung kommen. Da in Schule, Ausbildung und Studium die Priorität zumeist auf das Denken gelegt wird, ist es wichtig, zunächst die Gleichberechtigung dieser verschiedenen Ebenen anzuerkennen. Besonders in einer „Kopfgesellschaft" kann dies schnell zu dem Missverständnis führen, wir wollten mit unserem Ansatz das Denken und das Sprechen abwerten, wenn wir davon ausgehen, dass die Emotionen „sein dürfen". Das ist aber nicht unsere Intention. Wir wollen nur deutlich machen, dass alles seinen Platz bekommen darf. Alles hat seine Berechtigung. Es geht uns nicht um ein Entweder-Oder, sondern um eine Verbindung dieser Ebenen.

4. Während PsychotherapeutInnen und KörpertherapeutInnen viel Selbsterfahrung und Selbstreflexion in ihrer Ausbildung erfahren, kann man Pädagogin oder Pädagoge werden, fast ohne jemals die eigenen Innenwelten zu erkunden. In anderen beruflichen Kontexten (zum Beispiel in der freien Wirtschaft) ist Selbsterfahrung oftmals etwas völlig Fremdes. Dies bringt die Gefahr mit sich, impulsiv bei seinem Gegenüber etwas zu bekämpfen, was man in Wahrheit bei sich selbst bekämpft. Emotionale Handlungsimpulse gehen dann an die falsche Adresse und beinhalten somit keine Lösung des Konflikts. Es ist hilfreich zu lernen, mit dem Frieden zu schließen, was wir in unseren Innenwelten vorfinden, bevor wir, beispielsweise an einem Kind, etwas ändern wollen, was wir an uns selbst nicht akzeptieren können oder wollen.

5.   Damit sich Konkreativität ereignen kann (siehe Abschnitt 1.1) braucht es eine innere Instanz der Verbindung bei der Leitungsperson. Als Körpertherapeut nenne ich (Christian Uebele) diese Verbindung Herz. Hier verbinden sich Bauchgefühl und Steuerung. Ein Moment der Sammlung, falls möglich, kann die verschiedenen Impulse gut auf die jeweilige Situation abstimmen. Das Herz ist die Verbindung von Bauch und Kopf. Diese Verbindung wirkt wie ein innerer Leitstern, an dem man sich jederzeit orientieren kann (Hofmann, 2020b S. 95ff.).

Noch einmal zusammengefasst: Die Lösungsuhr® trainiert systematisch die Wahrnehmung unseres inneren Kompasses. Besonders dann, wenn die Lösungsuhr® als Werkzeug in Supervisionen oder in Reflektionsrunden *regelmäßig* eingesetzt wird, etabliert sich bei den beteiligten Personen eine Haltung, die es ganz selbstverständlich macht, das eigene Gespür ernst zu nehmen. Die volle Kraft des Tools entfaltet sich deshalb vor allem durch ihre häufige und regelmäßige Anwendung. Die zwölf Lösungsaspekte werden zunehmend internalisiert und können von Ihnen, auch in konkret ablaufenden Situationen, immer leichter eingesetzt werden. Sie bekommen gewissermaßen ein Tiefengespür für das, was in konkreten Situationen vor sich geht und für das, was es gerade braucht, damit diese Prozesse in Richtung Gelingen vorangetragen werden können.

2.   Die Lösungsuhr® in der Praxis

Um in die Anwendung der Lösungsuhr® einzuführen, geben wir zunächst einen kleinen, recht persönlichen Einstieg in ihre Entstehungsgeschichte. Denn wenn man versteht, dass dieses Tool nicht von Anfang an so da war, sondern sich auf organische Weise entwickelt hat, fällt es sicherlich leichter, es zu benutzen. Seine Eigenarten scheinen auf diese Weise (zusammen mit den Eigenarten der beiden Autoren) zwischen den Zeilen hindurch und werden transparent.

2.1. Entstehungsgeschichte

Die Lösungsuhr® entwickelte sich über mehr als 10 Jahre hinweg, in meiner (Christian Uebele) Tätigkeit als Referent. Hauptsächlich entwickelte ich sie zu Inhalten über psychomotorische Lösungsansätze in der Arbeit mit Kindern, die spezielle und für Pädagoginnen und Pädagogen herausfordernde Themen in ihrer Bewegungs-, Wahrnehmungs- und Verhaltensentwicklung zeigten.

Ursprünglich wollte ich nur ein Fazit aufschreiben, eine Zusammenfassung meiner Fortbildung für die Praxis, sozusagen eine konkrete Brücke des Seminars in den Alltag. Praktisch betrachtet fasst die Lösungsuhr® die bewährten Lösungswege aus meinen 30 Berufsjahren in Pädagogik und Therapie zusammen.

Es reifte außerdem die Idee, die Lösungen in Bewegung, im Tun zu begreifen. Als Motopäde koppelte ich den Lerninhalt deshalb mit Bewegung. Die Lösungen lagen nun sprichwörtlich auf dem Boden und man konnte zu ihnen hin gehen und auch hin spüren, ob sie passen. Aus Worten wurde schließlich ein Tool. Da sich in der Praxis zeigte, dass noch zwei Lösungsansätze fehlten, sind es heute zwölf Lösungsprinzipien. So kam ich zu der Idee, den Begriff Lösungsuhr® zu verwenden: zwölf Lösungen, zwölf Stunden.

Ein Thema bei Menschen, die keine Lösungen für konkrete Probleme finden können und die sich gewissermaßen im Kreis drehen, ist es häufig, dass sie sich nicht auf die Lösung fokussieren. Sie lösen dann alles ein wenig und nichts so richtig. So bleiben die Probleme oft bestehen. Die Lösungsuhr® fordert dazu auf, sich für zwei Lösungswege (Stunden) zu entscheiden. Es ist auch möglich, das hat die Praxis gezeigt, einen „Sekundenzeiger" mit einzubauen, also mit drei Lösungsansätzen in den Alltag zu gehen. Besonders zielführend ist es auch, auf die Verbindungen bzw. Kreuzungen der Lösungen zu achten.

Die einzelnen Impulse standen auf der allerersten, handgefertigten Variante auf schlichten Kuchendeckeln. Sie waren aufgezeichnet mit Symbolen und zusätzlich mit Worten. Nun sind auf der Vorderseite der Uhrzeit-Scheiben nur noch die Symbole sichtbar, in der Absicht, sich zunächst vom impliziten Erleben her führen zu lassen. Wenn man die Scheiben umdreht, kommt auch die Sprache, in Form von kurzen, eingängigen Lösungsprinzipien, hinzu. Die Notwendigkeit von solch prägnanten Formulierungen wurde mir (Tony Hofmann) bewusst, als ich mich im Rahmen meiner Dissertation mit gelingender Kommunikation befasste. Es kommt fürs Gelingen ganz darauf an, bei der Ausformulierung von Handlungsprinzipien eine bestimmte Art von Sprache zu verwenden, die Türen öffnet und es allen relevanten Beteiligten eines Systems ermöglicht, konkreativ „nach vorne zu gehen".

Wendet man diese Kriterien im Einsatz der Lösungsuhr® an, so ergibt sich eine konkrete gedankliche Lösungsrichtung. In diesem Buch werden alle Prinzipien detailliert erklärt. Auch gute Fragen, die dem Tool auf Kärtchen zur Vertiefung beiliegen, können dabei helfen, die konkrete Problemsituation zu reflektieren, die eigene Kreativität anzuregen und auf diese Weise stimmige Lösungsansätze zu generieren. Bei diesen Jokerkärtchen kommen meine (Tony Hofmann) Erfahrungen zu Gute, die ich zusammen mit meiner Kollegin Evelyn Fendler-Lee bei der Entwicklung eines anderen Tools gesammelt habe: Thetaland™ - The game of Inquiry.

Die Sinn-Bilder®, die im ersten Schritt der Lösungsarbeit zum Benennen der Situation eingesetzt werden (siehe Abschnitt „Methode"), entstanden im Laufe von 20 Jahren, in denen ich (Tony Hofmann) in einem sehr persönlichen künstlerischen Prozess nach eigenen Ausdrucksformen im Medium der Fotografie gesucht habe. Mein Archiv umfasst mittlerweile mehr als 70.000 Aufnahmen. Aus diesem Fundus wurden für die Sinn-Bilder® eine bestimmte Art von Motiven ausgewählt – nämlich solche, die besonders gut metaphorisch interpretierbar sind. Das bedeutet: Sie sind offen für das gefühlsmäßige Erleben und zugleich konkret genug für sprachliche Beschreibungen. Sinn-Bilder® sind überall da einsetzbar, wo ein Mensch etwas subjektiv Bedeutsames schon spürt oder ahnt, aber bisher noch nicht ausdrücken kann. Sie finden, auch unabhängig von der Lösungsuhr®, Anwendung in Psychotherapie, Beratung und Coaching sowie in Bildungskontexten.

Im Hintergrund der Lösungs-Methode, die wir in diesem Buch vorstellen, stehen außerdem etwa 15 Jahre fachliche Beschäftigung mit der Frage, wie ein hilfreicher Umgang mit schwierigen und komplexen Situationen aussehen kann. In meiner Promotion habe ich (Tony Hofmann) mich sehr ausführlich damit auseinandergesetzt, wie in komplexen und unüberschaubaren Situationen soziales Miteinander gelingen kann. Wie können wir im „Chaos" einer unüberschaubaren Situation so kommunizieren, dass wir einander wirklich verstehen? Ich halte es gerade dann, wenn es unüberschaubar und chaotisch wird, für wichtiger denn je, sich zentrieren zu können. Innehalten schafft Autonomie! Es ist dafür notwendig, sich selbst (den eigenen inneren Regungen) und auch einander wirklich zuzuhören. Als Diplom-Psychologe bin ich außerdem Fachmann für den Umgang mit emotional aufgeladenen Prozessen. Die Psychologie der menschlichen Emotionen faszinierte mich schon im Studium und ich habe mich seither auch weiterhin ausführlich damit beschäftigt.

Die „Gene" all dieser gedanklichen Vorarbeiten fließen in die Arbeit mit der Lösungsuhr® ein. Sie ist für uns beide so etwas, wie „der nächste logische Schritt", der sich ganz organisch aus dem ergibt, was wir bisher beruflich gemacht haben. Die Lösungsuhr® in der jetzigen Form entwickelte sich in zwei Jahren intensiven gedanklichen Austauschs zwischen uns beiden, Christian Uebele und Tony Hofmann. Wir haben dabei auch „Testdurchläufe" mit Personen gemacht, die sich in der Praxis in echten Problemsituationen befanden. Die Lösungsuhr® mit ihrer Methodik hat sich dabei meistens gut bewährt und überall da, wo es noch schwierig war, haben wir sie schrittweise verbessert.

Das Buch, das Sie heute in Händen halten, hat also schon einen langen Weg hinter sich und stellt ein „Best-of" dar, eine Essenz, die unserer Erfahrung nach hervorragend funktioniert und auf die wir, das geben wir gerne zu, stolz sind. Dennoch sind wir natürlich offen für Veränderungs- und Verbesserungsvorschläge, die wir in nachfolgenden Auflagen gerne mitberücksichtigen werden.

Mittlerweile sind wir als Autoren fasziniert von der Breite der Lösungsmöglichkeiten, die die Lösungsuhr® bietet. Anfangs war uns selbst noch nicht so recht bewusst, welches Potenzial in dieser schlichten Idee tatsächlich schlummert. Erst jetzt, am Ende des Entwicklungsprozesses, wird uns deutlich: Von Teamkonflikten über Beziehungsfragen und vieles mehr – die Lösungsuhr® löst. Sie bewegt etwas ganz Entscheidendes, so, als würde ein Ruck durch das System gehen. Wir selbst haben das so erfahren und wir laden Sie ein, es auch auszuprobieren!

2.2 Flexible Anwendung

Warum heißt das Werkzeug eigentlich Lösungsuhr®? Wie schon erwähnt, hatte ich (Christian Uebele) durch die 12 Lösungsprinzipien die Idee, den Begriff einer Uhr zu verwenden (12 Prinzipien – 12 Stunden). Wichtiger als das war jedoch die Eigenschaft der Zirkularität. Die Stunde 12 bereitet ideal auf die Stunde 1 vor: Wer perfekt sein will und seine spielerische Seite verliert (Stunde 12), ist in Gefahr, starr zu werden (Stunde 1). Die Lösungsprinzipien folgen deshalb keinem starren Ablauf oder gar einer Hierarchie, sondern sind Teil eines Lösungskreislaufes. Es geht uns um die Verbindung aller Lösungswege. Dieser Gedanke findet sich auch schon im theoretischen Hintergrund des Tools: Gestoppte Interaktionsprozesse laufen anders weiter, sobald eine Lösung gefunden wurde. Jeder Stopp enthält somit zugleich auch ein Potenzial für eine geänderte Fortsetzung.

Außerdem hat eine Uhr mehrere Zeiger, und auch dies passt zu unserem Ansatz. Es geht uns nicht darum, die eine, perfekte, richtige Lösung zu finden, sondern darum, auf die Verbindung von zwei oder drei Lösungsprinzipien zu fokussieren. Lösungen sind nicht planbar; sie werden skizziert, entworfen. Die Entwicklung einer Lösung gleicht somit mehr dem Tun eines Künstlers, als dem eines Handwerkers.

Eine Uhr legt außerdem den Fokus auf das, was jetzt ist. Lösungen sind nicht allgemeingültig, sondern gelten nur in bestimmten, spezifischen Situationen. Gut möglich, dass morgen andere Lösungsverbindungen in den Vordergrund treten. Die Uhrzeit, die wir auf der Uhr einstellen, verbindet uns also mit dem Hier und Jetzt. Die Verbindung des Stundenzeigers und des Minutenzeigers ergeben eine einmalige Information, die löst. So ist das auch im sonstigen Leben: Wenn ich einen Linienbus erreichen möchte, hilft mir nur die Verbindung von Stunden und Minuten wirklich weiter. Genauso bei der Lösungsuhr: Die Verbindung zweier Lösungsstunden ergibt insbesondere in ihrem Zusammenspiel Sinn.

Die Lösungsuhr® ist also ein Werkzeug, das durch den Begriff der Uhr auf seine strukturierte, fokussierende und verbindende Lösungsfindung aufmerksam macht. Es richtet aus, ohne dabei einer mechanischen Sichtweise Vorschub zu leisten. Es ist strukturiert und flexibel zugleich.

2.3 Ablauf

Im folgenden Ablaufschema zeigen wir Ihnen das prototypische Vorgehen für die Arbeit mit der Lösungsuhr®. Es umfasst vier Schritte. Wir beschreiben das Vorgehen einer Einzelperson bzw. eines Teams, die/das selbständig eine Lösung für ein Problem finden möchte. Wenn Sie z.B. externer Coach, als Psychotherapeutin oder beratender Pädagoge sind, so wandeln Sie die Anleitung entsprechend so ab, dass Sie diesen Prozess bei der Person, mit der Sie ihn durchführen, bestmöglich unterstützen!

Zeitstruktur

Die Lösungszeit für ein gemeinsames Finden, Besprechen und Reflektieren beträgt pro „Fall" 60 Minuten. Da es meist mehrere Fragestellungen gibt, kann dann, in einem weiteren Block, der nächste „Fall" mit einer Lösungszeit versehen werden, ebenfalls wieder mit 60 Minuten. Die einzelnen Schritte sind grob mit etwa 15 Minuten zu veranschlagen, jedoch kann dies stark variieren. Passen Sie den zeitlichen Ablauf dem Thema an und nicht das Thema dem Ablauf. Bitte nehmen Sie sich auch die Freiheit, Materialien zu ersetzen oder zu variieren, wo es stimmig und notwendig scheint. Wenn Sie beispielsweise mit sehbehinderten Menschen arbeiten, können Sie die Sinn-Bilder® (siehe Schritt 1) durch Musik oder Bewegung ersetzen.

Schritt 1: Benennen Sie die Situation

Nehmen Sie als Erstes die Sinn-Bilder® zur Hand und finden Sie eine Bildkarte, die sich (in etwa) so anfühlt, wie die schwierige Situation, in der Sie sich gerade befinden. Sie können sich für eine einzige Karte entscheiden, oder, falls Sie gefühlsmäßig zwischen mehreren Karten hin- und herpendeln, können Sie diese auch kombinieren. Falls Sie das Lösungsuhr®-Tool nicht besitzen, finden Sie alle Motive der Sinn-Bilder® kostenfrei auf www.sinn-bilder.de/motive. Suchen Sie sich am Mobiltelefon oder am Computer ein Motiv aus und arbeiten Sie dann mit diesem.

Legen Sie das Sinn-Bild® (bzw. ggf. das Mobiltelefon mit dem angezeigten Motiv) in die Mitte einer freien Fläche auf den Boden und stellen Sie sich davor. Schauen Sie es an und halten Sie dabei für einen Moment inne. Welche Empfindungen tauchen in Ihnen auf? Nehmen Sie sich mindestens eine Minute lang Zeit, um die inneren Regungen zu registrieren, die beim Betrachten der Situationskarte(n) in Ihnen spürbar sind. Benennen Sie diese vagen Regungen mit Ihren eigenen Worten und halten Sie sie schriftlich fest.

Schritt 2: Formulieren Sie eine Frage

Formulieren Sie nun eine möglichst konkrete Fragestellung, die Ihnen fortan als Leitfrage dient. Versuchen Sie einfach intuitiv, eine passende sprachliche Formulierung zu finden.

Ein Beispiel: „Wie gelingt es mir, Tim, der in Stresssituationen andere Kinder angreift und beißt, zu alternativen Handlungsweisen zu motivieren?"

Wenn Sie hier noch tiefer einsteigen möchten, können Sie an dieser Stelle die Sprachfindungsmethode der Sinn-Bilder® anwenden. Dies ist in besonders verworrenen oder unklaren Situationen hilfreich. Zerlegen Sie hierzu das Bild wie mit einem gedanklichen Skalpell in mehrere Bildbestandteile, ohne sie zu interpretieren. Notieren Sie die entsprechenden Bildelemente schriftlich. Wenn Sie beispielsweise eine Bildkarte mit einem Baum, einem Bach und einem Stein vor sich sehen, erstellen Sie eine Strichliste mit diesen drei Worten: Baum, Bach, Stein. Dann interpretieren Sie jedes dieser Bildelemente einzeln. Fragen Sie sich hierzu: „Welche (metaphorische) Bedeutung hat der Baum in dieser Situation? Wofür steht er sinnbildlich?" Notieren Sie alle Assoziationen, die Ihnen einfallen. Führen Sie diesen Schritt für alle Bildelemente auf Ihrer Liste einzeln durch. Dann unterstreichen Sie sich die drei oder vier wichtigsten Kernbegriffe in Ihrer Mitschrift. Und formulieren Sie schließlich Ihre Frage aus diesen Kernbegriffen.

Schritt 3: Stellen Sie eine Lösungszeit ein

Legen Sie das Sinn-Bild® in die Mitte des Raums. Es stellt das Zentrum der Uhr dar, also die Stelle, an der die Zeiger „angeschraubt" sind. Dann legen alle zwölf Stunden rings herum in Form eines Ziffernblatts aus. Falls Sie kein Lösungsuhr-Tool® besitzen, malen Sie die Symbole zur Vorbereitung vorab auf Zettel und schreiben Sie alle Prinzipien auf die Rückseite. Verwenden Sie dann diese Zettel statt der

Uhrzeit-Scheiben des Tools. Planen Sie genügend Platz ein, um zwischen den Ziffern umher gehen zu können.

Durch die Symbole öffnen Sie sich Ihren impliziten Lösungsimpulsen. Sie schaffen einen Raum für Lösungen, der mehr ist, als ein bloßer „Denkraum". Mit einem möglichst offenen und weiten Blick schauen Sie nun auf die verschiedenen Möglichkeiten, oder: Sie bewegen sich innerhalb der Möglichkeiten der Lösungsuhr® und um sie herum. Nun fühlen Sie in sich hinein, welche beiden Lösungsstunden für Ihre Frage passen könnten (bei unserem Beispiel also zu der Interaktion zwischen Tim und den anderen Kindern, bzw. zu der Interaktion zwischen Tim und Ihnen). Wenn diese gefunden sind, dann stellen Sie mit dem Uhrzeiger diese „Uhrzeit" ein. Im Lösungsuhr®-Tool wird hierfür ein Zollstock verwendet. Sie können, falls Sie das Tool nicht selbst besitzen, Stifte als Uhrzeiger benutzen.

Schauen Sie sich nun das Bild Ihrer persönlichen Uhrzeit gut an, lassen Sie sich Zeit dafür. Das, was Sie nun vor sich sehen, ist Ihre persönliche Lösungszeit. Sie können diese Lösungszeit auch fotografieren und sie sich für einige Zeit an ihren Schreibtisch oder an einen anderen Platz hängen, an dem sie oft gesehen werden kann.

Es kann gut sein, dass in Ihrem Empfinden die Symbole nicht zu den Worten passen. Dann ist es so, dass die Worte andere Aspekte des Lösungsprinzips bezeichnen, als das Symbol. Dieses vermeintliche Nichtpassen weist also auf besonders interessante Stellen im Lösungsprozess hin – Weiteres klären wir in der ersten Fortbildung zur Lösungsuhr®.

Schritt 4: Entwickeln Sie Handlungsideen

Um ganz konkrete Handlungsideen zu erhalten, und um Ihre Lösung zu vertiefen und gedanklich richtig zu durchdringen, können Sie nun, sofern Sie das Tool besitzen, zusätzlich die Fragekärtchen nutzen. Diese Reflexion hilft Ihnen dabei, die Ideen umzusetzen, die die Lösungszeit grob vorskizziert. Ziehen Sie hierzu mehrmals nacheinander einzelne Kärtchen, die zu der jeweiligen Lösungszeit passen. Lesen Sie die Frage laut vor und assoziieren Sie frei, was Ihnen als Antwort einfällt. Notieren Sie wichtige Aspekte Ihrer Antwort schriftlich mit.

Es kann vorkommen, dass sich die Lösungszeit in diesem Vertiefungsprozess noch einmal verändert. Stellen wir uns beispielsweise vor, ein Team, ganz auf Lösungen fokussiert, kommt in ein Gespräch, mit dem Ziel, die besten 2-3 Lösungsstrategien herauszufiltern. Jedes Teammitglied kann seine eigenen Antworten auf die Frage formulieren und dabei die persönlichen Beweggründe für das Einstellen seiner Lösungsstunden erläutern. Hier zeigen sich auch die Verbindungen der einzelnen Lösungsstunden zueinander.

Die gemeinsame Fokussierung auf Lösungen kann auch auf andere Themen des Alltags übertragen werden. Teams hängen die Lösungsbilder gerne in ihrem Teamraum auf. Bei entsprechenden neuen Konflikten tauchen diese Lösungsbilder dann oftmals im Bewusstsein der entsprechenden Personen auf und sind im Alltag eine schnelle Hilfe. Auch die Fragekärtchen können im „schnellen Geschehen" des Alltags einfach mal kurz gezogen werden, um auf gute Ideen für adaptives Handeln zu kommen. Sie sind dann wie

Jokerkärtchen, die man immer dann ziehen kann, wenn es schwierig wird.

Die Zeitstruktur einer Lösungssession hängt u.a. auch davon ab, wie viele Personen an dem Prozess beteiligt sind. Jedes Teammitglied, das in unserem Beispiel mit Tim beschäftigt ist, kann seine eigene Lösungszeit auf der Lösungsuhr® einstellen. Meist fokussieren sich bei einer solchen Fragestellung bestimmte Lösungsstunden, sozusagen eine übergreifende Lösungstendenz. Ein beeindruckender Moment ist es, wenn beispielsweise zehn Teammitglieder ihre Lösungen einstellen und die Teamlösungen gleichzeitig von allen gesehen werden können. Alle beteiligen sich so an der kreativen Suche nach Lösungsmöglichkeiten. Jede Lösungszeit wird auf diese Weise als wertvoll und hilfreich gewürdigt.

3. Die zwölf Lösungsprinzipien

Stunde 1: Versuche Variationen

Idee: Mache Dinge ein bisschen anders, als bisher, und überprüfe, wie sich das jeweils auswirkt.

Problemsituation

Frühere adaptive Lösungen sind zu starren Gewohnheiten geworden, die das Problem noch verstärken. Das, was früher funktioniert hat, funktioniert jetzt nicht mehr.

Einerseits sind wir in unseren Handlungen auf unsere Erfahrung angewiesen. Andererseits funktioniert nicht jede frühere Lösung in der Gegenwart genauso, wie zum damaligen Zeitpunkt. Lösungen sind eventuell ähnlich, nie aber gleich. Wir brauchen also ein gewisses Improvisationstalent, um unsere Erfahrungen aus der Vergangenheit lebendig auf die tatsächlich gegebene Situation anzuwenden. Dies geht am besten, indem wir es rhythmisch immer wieder neu versuchen, und dabei Variationen einbauen. Hilfreich ist also eine lösende Bewegung zwischen meinen Erfahrungen und dem Öffnen für das Neue.

Wirkung auf den gestoppten Interaktionsprozess

Gendlin beschreibt jenes versuchende „Trial-and-Error" als ein rhythmisches Vorantasten, bei dem ein gestoppter Prozess immer wieder neu und immer wieder anders versucht, den Stopp zu überwinden (vgl. 2015, S. 171). Es geschehen dann gerade diejenigen kleinen Schritte des Prozesses, die gerade so noch „funktionieren". Sie werden immer wieder variiert, so lange, bis ein (größerer oder kleinerer) Durchbruch gelingt. Gendlin bezeichnet diese Variationen auch als Leafings (vom Englischen: leaf – Blatt). Wie die Blätter an einem Baum, sind diese Variationen ähnlich und doch zugleich auch verschieden – jedes Blatt ist zwar ein Blatt am gleichen Baum, aber es hat dennoch eine geringfügig andere Struktur.

Ähnlich ist dies auch bei Lösungsversuchen z.B. von Erzieherpersonen. Auch sie können sich gemeinsam mit den Kindern behutsam vorantasten und in rhythmischer Weise verschiedene Lösungsmöglichkeiten antesten. Die erste Lösungsstrategie („Teste an, was aus deiner Erfahrung funktioniert") ist in diesem Sinne eine Art von übergeordneter Strategie, die alle anderen, noch folgenden Lösungsstrategien in sich trägt.

Die vertieften theoretischen Hintergründe für diese Strategie liegen in den Ansätzen von Ludwig Klages, Wilhelm Hoerner und Werner Jäger. „Ein Metronom geht regelmäßig, eine Wiege dagegen schwingt im Rhythmus" (Klages, 1923, zitiert nach Hoerner, 1993). Jäger macht deutlich, dass uns der Rhythmus hält. Er verhindert durch seine Bewegung (genauer: durch seine Gegenbewegung), dass wir an einem Pol stoppen bzw. erstarren. Gestoppte Prozesse lassen sich auch als Bewegung beschreiben, die in einen Rhythmus übergeht.

Ein weiterer Hintergrund ist das sogenannte Technologiedefizit (Luhmann, 1982; Schorr, 1982). Dieses verdeutlicht, dass der Mensch nicht die Berechenbarkeit einer Maschine hat, bei der sozusagen unten herauskommt, was der Pädagoge, eine Lehrerin oder ein Therapeut oben hineingibt. Menschen sind lebendige Systeme, die eventuell so ähnlich reagieren, wie wir es annehmen, aber nicht gleich, vielleicht sogar völlig anders. In der Technik ist das berechenbarer. Hier kann man, wenn beispielsweise ein Kabelbruch behoben ist, ein gleiches Ergebnis erwarten. So ist auch der obige Vergleich mit dem Metronom zu sehen. Ein Metronom schlägt immer gleich, je nach Einstellung. Der Rhythmus spielt sozusagen mit diesem Gleichen, durch Ähnliches.

Rhythmus, in seiner Unterscheidung zum starren Takt, löst. Starrheit zeigt sich zum Beispiel in der Einstellung „Das haben wir immer schon so gemacht." Eine solche Einstellung führt nur in den seltensten Fällen zur Lösung. Menschen und Themen, die uns im Leben begegnen, sind häufig ähnlich, nie aber genau gleich. Wir können nicht davon ausgehen, dass uns Strategien einer Lösung von damals auch heute wieder helfen. Andererseits ist unsere Erfahrung ein großer Schatz, der uns beim Finden von Lösungen behilflich sein kann. Das Zurückgreifen auf Erfahrungen (Pol 1, zum Beispiel Berufserfahrung) und das Vertrauen in den Veränderungsprozess, der zunächst Unsicherheiten beinhalten kann (Pol 2), kann uns in Bewegung bringen und nicht auf einer Seite des Pols erstarren lassen.

Als Psychomotoriker möchte ich (Christian Uebele) auch auf eine Schaukel verweisen. Durch den Rhythmus können auch schwere Menschen leicht bewegt werden. An einem Pol angekommen, geht es bei der Schaukel durch die Anziehung des Gegenpols ganz leicht und bewegt zu diesem entgegengesetzten Pol und so weiter. Das Problem, einen schweren Menschen in Bewegung zu bringen, wird rhythmisch „geschaukelt". Im übertragenen Sinn können so auch Probleme in eine rhythmische Bewegung gebracht werden, die lösend ist.

Praxisbeispiel (Christian Uebele)

Immer wieder treffe ich auf Kinder, die mich verblüffend an konkrete andere Kinder erinnern, die ich vielleicht vor einigen Jahren gesehen habe. Fast gleiche Verhaltensweisen, fast gleiches Aussehen, fast gleiche Berichte und Diagnosen etc.. Hier beging ich gelegentlich den (unbewussten) Versuch, gleiche Methoden und gleiche Lösungsversuche, die bei den ganz ähnlichen Kindern erfolgreich waren, einzusetzen. Grundsätzlich ist das auch eine Lösungsstrategie. Oft waren aber die „gleichen" Kinder nur ähnlich, so dass es auch ähnliche Lösungsansätze brauchte. Hier war der Schritt ins Neue notwendig, um die Lösung zu finden. Trotzdem waren die Erfahrungen hilfreich, sozusagen im rhythmischen Abgleich mit dem Neuen.

Für Ihren Alltag, kurz und prägnant

Lösungen brauchen rhythmische Bewegung zwischen Erfahrung (Pol 1) und Improvisation (Pol 2). Lösungen sind nie gleich, oft aber ähnlich. Rhythmus ist, wenn man lösend mit muss; ähnlich wie bei einer Musik, bei der uns nichts mehr am Platz hält. Rhythmus ist Takt mit Kontakt.

„Die Geschichte wiederholt sich zwar nicht, aber sie reimt sich". Ein Mark Twain zugeschriebenes Zitat (genauere Quellen unbekannt).

Stunde 2: Schaffe Freiraum

Idee: Lösungen liegen im Klienten; den Glaube daran, dass sie freigesetzt werden können, gilt es zu stärken. Als Fachkraft erschaffe ich Räume, in denen dies grundsätzlich möglich ist.

Problemsituation

Fachkräfte geben manchmal auf. Sie glauben dann nicht an die Eigenkraft des Kindes, und es ergibt sich eine „selbsterfüllende Prophezeiung" (Gerrig & Zimbardo, 2008, S. 641f.), die langfristig gesehen in eine maladaptive Interaktionsdynamik mündet. Stein (2015) und Seitz (1991) sprechen in diesem Zusammenhang auch von Etikettierungsphänomenen als möglichen Wirkfaktoren für die Entstehung oder Aufrechterhaltung von Verhaltensstörungen.

Wirkung auf den gestoppten Interaktionsprozess

Oft bringen Klientinnen und Klienten die Lösung bereits
mit. Eine Haltung, die sich als hilfreich herausstellt, lautet: Als Pädagogin oder Coach glaube ich daran, dass diese
Lösungsversuche erfolgreich sein können. Ich gebe Raum
für Selbstwirksamkeitserwartung und Selbstorganisations-
fähigkeit. Bei der Selbstwirksamkeitserwartung glaubt ein
Kind/der Erwachsene daran, dass es/er Lösungen finden
kann; das ist das Gegenteil einer erlernten Hilflosigkeit (Seligman, 1999). Im Zusammenhang mit der Selbstorganisati-
onsfähigkeit vertraue ich als Pädagoge oder Therapeutin darauf, dass meine Klientin oder der Schüler selbstorganisiert
Lösungen findet. Bandura (1997) nennt bei den Grundlagen der Selbstwirksamkeit auch die wichtige Bedeutung des
Satzes: „Ich glaube, dass du das schaffst" (S. 101). Das heißt
keineswegs, dass wir eine Symbiose mit der anderen Person
eingehen, aber wir glauben an das Kind, den Klienten, das
Team. Auch Kriz und Stumm (2003) sprechen von „forma-
tiven Tendenzen" (S. 20): Interaktionsprozesse können sich
unter bestimmten Bedingungen von selbst in eine adaptive Richtung entwickeln. Wichtig ist, dass die Gestaltungsspielräume, die wir ihnen hierfür geben, nicht zu eng und
nicht zu weit gefasst sind. Wenn Spielräume zu weit sind,
werden Prozessverläufe nahezu beliebig; wenn sie zu eng
gefasst sind, münden sie in Ideologie und Verhärtung (Bauer, 2018, S. 30). Gelingende Interaktionsprozesse vermei-
den beide Fallen. Zugleich erkennen wir als Pädagoginnen
und Pädagogen an, dass nur das Kind selbst die Spielräume,
die ihm zur Verfügung stehen, nutzen kann. Wir können
es nicht für das Kind tun. Möglich ist jedoch, ein Gespür
dafür zu entwickeln, wie sich „Gelingen" anfühlen könnte

(Hofmann, 2017, S. 336ff.). Dieses Gespür kann dann wie ein „innerer Kompass" fungieren, der auch das pädagogische Handeln strukturiert.

Fthenakis (2009) beschreibt, wie sich in gelingenden Interaktionsprozessen eine Ko-Konstruktion vollzieht. Das Kind ist genauso aktiv, wie seine Umwelt. Lernprozesse finden durch Zusammenarbeit statt. Lösungen können also nicht von außen auf andere übergestülpt werden. Egal, ob es um ein „schwieriges" Kind geht, um ein zerrüttetes Team oder um einen Erwachsenen, der nicht mehr weiter weiß: Die Lösungen bringen das Kind, das Team und der Erwachsene eventuell bereits mit. Bei Kindern ist es oft so, dass sie die Lösungen mitbringen, aber Erwachsene sie nicht verstehen und diese nun anweisen, etwas anderes zu tun, da sie meinen, als Erwachsene schlauer zu sein.

Wichtig ist auch, dass ich als Erzieherin, als Lehrerin, als Coach an eine Lösung glaube. Dieser Glaube entwickelt aber nicht hauptsächlich mein Wissen, sondern es ist ein Finden von Lösungen, die von unseren Klientinnen und Klienten mitgebracht werden. Die „Fachleute" (Pädagoginnen und Pädagogen, Coaches etc.) machen also einen Schritt zurück, um zu verstehen, was an Lösungspotenzial bei Ihrem Gegenüber bereits da ist. Sie sind genaue Beobachter, die nach kleinen Keimlingen suchen.

Die Stunde zwei hat deshalb auch etwas mit Loslassen und mit dem Prinzip der Fokussierung zu tun. Was die Systeme oder Personen mit ihrer eigenen impliziten Intelligenz an möglichen Lösungen mitbringen, wird fokussiert. Zugleich schaffen und halten wir den Raum für ihre Lösungen. Was in diesem gehaltenen Rahmen fokussierbar wird, ist das tatsächlich Mögliche, der nächste kleine Schritt. Letztlich geht es also darum, Gestaltungsspielräume zu öffnen, in denen sich Lösungen von selbst ereignen können. Oder anders gesagt: Ohne Freiraum keine Lösung.

Praxisbeispiel (Christian Uebele)

In einem Bewegungsraum, in dem Kinder einfach mal machen dürfen, was sie wollen, ist die Angst weit verbreitet, dass sie sich immer mehr hochschaukeln und der Erzieher oder die Lehrerin sie nicht mehr „runterbekommt". Angst macht sich breit. Die Lösung ist in den allermeisten Fällen jedoch, dass die Kinder nach einer Zeit des Tobens in eine Selbstregulation kommen. Sie beginnen selbstorganisiert zu bauen und zu konstruieren. Dann haben sie Selbstregulation erfahren, was immer besser ist, als Anweisungen von außen aufgestülpt zu bekommen. Ein unruhiges Kind, nennen wir es Florian, ist ständig unterwegs und bleibt nie bei einer Sache. So auch im Bewegungsraum. Alles was er macht, wirkt chaotisch. Überall wo er war, ist Unordnung. Daher kommen in den Turnstunden bereits nach ganz wenigen Minuten Sanktionen von außen, die darauf abzielen, ihn zu begrenzen und sein Tun zu ordnen. In einer Kleingruppe von fünf Kindern lasse ich dann einfach mal zu, dass Florian alles Chaos und alle Unordnung ausleben darf. Nicht alle Pädagogen freuen sich über den Anblick eines solchen Raumes, beziehungsweise sind dann, wenn sie kurz hereinkommen, um beispielsweise Material zu holen, erstaunt. Nach ca. 20 Minuten, die sich durchaus lange anfühlen können, beginnt Florian, die Polsterbausteine, die er bisher nur herumgeworfen hat, zu ordnen. Er baut und konstruiert nach einiger Zeit sogar in Kooperation mit zwei anderen Kindern. Da ihm diese Ordnung nicht aufgezwungen wurde, sondern gewissermaßen „aus ihm selbst herauskam", ist sie ungewohnt stabil. Die strukturierte Bauphase dauerte dann sogar länger, als die Chaosphase. Dazu musste ich aber bereit sein, zu warten, bis sich die Selbstregulation einstellt.

Für Ihren Alltag, kurz und prägnant

Selbst Säuglinge und Krippenkinder sind schon kompetent. Ich handle pädagogisch kompetent, indem ich der Kompetenz der Kinder/ Jugendlichen/ Klientinnen und Klienten Rechnung trage. Ich kann dieser Kompetenz Rechnung tragen und sie zugleich mit meiner Kompetenz verbinden. Dies wird möglich, indem ich bewusst Freiräume schaffe.

Stunde 3: Definiere den Rahmen

Idee: Akute Störungen nehmen sich von selbst Vorrang; bei chronischen Störungen ist der Rahmen zu schützen.

Problemsituation

Akute Störungen nehmen sich meist von selbst Vorrang (Cohn, 1975). Sie sollten deshalb auch in der pädagogischen Arbeit Vorrang bekommen. Es ist zwecklos, gegen eine akute Störung ankämpfen zu wollen. Dies passiert aber in der Praxis immer wieder, wenn der Verstand des Menschen, der die Gruppe leitet, sein Programm durchbringen möchte. Seien Sie also in akuten Fällen gefühlsmäßig offen für das, was gerade „ist". Wenn es stört, ist es zu beachten.

Diese Sicht ist jedoch nur eine Seite der Medaille. Manchmal sind pädagogische Fachkräfte permanent mit chronischen Störungen beschäftigt. Einzelne Kinder greifen beispielsweise ständig, also chronisch, den Rahmen an. Sie tun dies willkürlich und haben Freude daran, andere zu stören, wenden eventuell sogar Gewalt an.

Die akuten und die chronischen (willkürlichen) Störungen brauchen genau gegensätzliche Lösungsansätze.

Wirkung auf den gestoppten Interaktionsprozess

Bei der akuten Störung ist es hilfreich, der Störung Vorrang zu geben. Bei der chronischen bzw. willkürlichen Störung geht es darum, unter allen Umständen den Rahmen zu verteidigen und der Störung gerade keinen Vorrang zu geben. Um den Rahmen verteidigen zu können, muss dieser zunächst definiert werden (zum Beispiel indem man Gewaltfreiheit, Respekt und Integration als Ziele formuliert).

Wenn dieser Rahmen klar definiert ist, so zeigt die Praxis, bleibt mehr Kraft für das Wesentliche. Zeitraubende Kleinigkeiten sind schneller zu lösen, wenn die Frage gestellt wird: „Ist das jetzt wirklich wichtig, ist das ein Rahmenelement"?

Ein klar definierter Rahmen gibt allen Personen, die im Interaktionsgeschehen involviert sind, Orientierung. In der Kommunikation beispielsweise „begrenzt [der Rahmen], worüber wir gerade reden und worüber nicht. Er gibt uns in dieser Eigenschaft Halt und öffnet zugleich das Spiel für frische Gedanken" (Hofmann, 2017, S. 293). Besonders lösend wirkt es, wenn der Rahmen gemeinsam definiert wird. Dies ist jedoch nicht als eine Aufforderung zu einem Handeln zu verstehen, das die Kontrolle komplett der Gruppe übergibt. Die pädagogische Fachkraft darf durchaus mit Mut und Entschlossenheit vorangehen und Regeln definieren, die sie für sinnvoll hält. In der Gruppe können diese Regeln dann jedoch gemeinsam diskutiert werden. So kann sich eine Gruppe darüber austauschen, ob der Rahmen enger oder weiter gefasst werden soll. Um dies zu ermöglichen, ist es hilfreich, innezuhalten und Distanz zu dem, was gerade geschieht, herzustellen. Aus dieser Distanz heraus können auch konkrete Handlungsmöglichkeiten benannt werden für das, was als nächstes getan werden kann.

Überlegen Sie sich dabei, wie flexibel der Rahmen gestaltet sein soll. Unsere Erfahrung ist, dass ein schwingungsfähiger Rahmen stabiler ist, als ein starrer Rahmen. Das bedeutet, dass ein sauber definierter, flexibler Rahmen durchaus akute Störungen verträgt, wie Cohn (siehe oben) sie beschreibt. Die Kunst der guten Führung besteht in diesem Fall darin, beide Seiten zu berücksichtigen und je nach Situation angemessen und spezifisch auf chronische und akute Störungen reagieren zu können.

Natürlich ist die Unterscheidung akut / chronisch oft auch eine Frage der Perspektive. Mir (Christian Uebele) fällt zum Beispiel immer wieder auf, dass bereits vereinbarte Teamsitzungen mit Kitateams verschoben werden müssen oder in Vergessenheit geraten, da sozusagen immer Notfall ist. Die akuten Störungen chronifizieren sich dann. Oft bleibt auch aufgrund (scheinbar) wichtiger Aktivitäten, wie der Vorbereitung eines Sommerfests, kaum Zeit, um über Kinder zu sprechen, die Sorgen bereiten. Diese scheinbaren „Notfälle" in der Organisation lassen dann oft echte Notfälle in den pädagogischen Beziehungen entstehen. Es ist sicherlich eine Herausforderung, im Alltag eine gute Balance zwischen Erwartungen bzw. jährlichen Ritualen und den akuten Erfordernissen zu finden. Wenn man jedoch den Mut hat, sich auf Wesentliches zu konzentrieren, kann sich eine solche Balance nach und nach einstellen.

Praxisbeispiel (Christian Uebele)

In der kalten Jahreszeit, in der unter einer Schneelast einstürzende Dächer durch alle Medien gingen, hatte ich vor einigen Jahren ein Seminar in einem solchen Gebäude, mit Flachdach und viel Schnee darauf. Sofort spürte ich, dass die Gruppe unruhig und unkonzentriert war. Ich erkundigte mich nach der Ursache und konnte in Erfahrung bringen, dass es eine akute Störung gab: Alle fragten sich, ob vielleicht auch dieses Dach einstürzen könnte. Hier war nicht an Unterricht zu denken. Wenn ein Hausmeister oder eine andere Fachkraft käme, so könnte dies die Gruppe beruhigen. Ich fand den richtigen Mann, der die Gruppe mit technischem Sachverstand beruhigte, u.a. sagte er, dass das Problem gerade gelöst wird. Nun konnte ich anfangen zu unterrichten.

Ein weiteres Beispiel aus einer Kita: Eine Erzieherin behandelt in einem Stuhlkreis das Thema Pflanzen. In der Mitte steht eine Basilikumpflanze und sie fragt die Gruppe: „Kennt ihr die?". Ein etwa Sechsjähriger meldet sich und sagt sichtlich bewegt: „Diese Pflanze stand auf dem Tisch, als Mama ihren letzten Freund rausgeschmissen hat". Die Erzieherin erwiderte: „Darum geht es jetzt nicht, hier geht es um Pflanzen". Der Junge konnte sich nun aber gar nicht mehr auf Pflanzen konzentrieren. Ein kurzes Würdigen seiner Erfahrung, seiner Emotionen, wäre hier hilfreich gewesen. Diese akute Störung zu umgehen, erschwerte das, worum es eigentlich gehen sollte, nämlich die Konzentration auf Pflanzen. „Ich habe dich gehört, ich sehe, dass es dich beschäftigt". Das hätte eventuell schon gereicht und dann eventuell die Frage: „Interessierst du dich auch dafür, wie diese Pflanze heißt"?

Für Ihren Alltag, kurz und prägnant

Bei täglichen Dramen schütze den Rahmen, ist es akut, tut Vorrang gut. (Christian Uebele)

Stunde 4: Unterbrich das Muster

Idee: Entwicklungen brauchen manchmal eine Störung des Bestehenden. Anpassungen geschehen meist in den Pausen.

Problemsituation

Warum tun Menschen immer wieder Dinge, von denen sie täglich merken, dass sie ihren eigenen definierten Zielen widersprechen? So ist es z.B. gängige Praxis, Kinder, die nicht das gewünschte Verhalten zeigen, aus der Situation zu nehmen (auch bekannt als „timeout"). Wenn man diesen „timeout" nur einmalig durchführt, wirkt er überraschend und kann eine Musterunterbrechung darstellen, die tatsächlich löst. Wenn wir jedoch den „timeout" selbst zum Muster werden lassen, kann es sein, dass sich ein Kind daran gewöhnt. Selbst, wenn dies dann offensichtlich nichts mehr bringt, wird es weiterhin gemacht. Es löst nur noch kurzfristig, aber führt langfristig tiefer in die problematische Prozessdynamik hinein. Bei der Musterunterbrechung geht es darum, genau hinzuschauen, und zu erkennen, was das Muster ist. Und dann das, was nicht funktioniert, zu brechen. Das Muster „Bei Störung –> timeout" ist in unserem Beispiel selbst zu einer nicht-funktionierenden Lösung erster Ordnung geworden, zu einem Muster also, das gebrochen werden muss (Watzlawick, Beavin & Jackson, 2011).

Wirkung auf den gestoppten Interaktionsprozess

Das Gleichgewicht des Bestehenden wird bei der Musterunterbrechung gestört durch eine völlig andere Reaktion, als die gewohnte. Erst dann wird eine Lösung zweiter Ordnung möglich, eine Lösung also, die wirklich nachhaltig löst. Der Schweizer Hirnphysiologe Dr. Gino Gschwend, den ich (Christian Uebele) persönlich gut kannte, sprach in diesem Zusammenhang von einer „Turbulenz". Etwas Festgefahrenes wird in eine Turbulenz gebracht.

Theoretische Grundlage von Stunde vier ist die Homöostase. Der Begriff der Homöostase kommt in der Biologie, der Physik, der Medizin, der Psychologie, der Trainingslehre und in vielen anderen Bereichen vor. Erstmalig wurde er 1860 von Claude Bernard verwendet. (Gross, 1998). Prinzipien der Trainingslehre, in denen es um die Störung des Gleichgewichtes (Homöostaste) geht, können auf die gesamte Entwicklung eines Menschen übertragen werden. Hier wird auch die Bedeutung von Pausen deutlich. Ein Trainingseffekt geschieht in der Pause, nach der Störung des Gleichgewichtes. Von Schlippe und Schweitzer (1996) schreiben in ihrem Lehrbuch der systemischen Therapie und Beratung: „In der systemischen Therapie wird davon ausgegangen, dass die entscheidenden Prozesse nicht während der Sitzung selbst geschehen, sondern zwischen den Sitzungen" (S. 205).

Die Idee der Lösungsstunde vier berührt eine grundlegende Paradoxie des zwischenmenschlichen Daseins. Vergegenwärtigen wir uns noch einmal die Leitmetapher des gestoppten Prozesses (siehe Abschnitt 1.3.). Wenn wir, wie im ersten Teil dieses Buchs beschrieben, Interaktionsstörungen als gestoppte Prozesse auffassen, so könnte man denken, dass ein Stopp, also ein unterbrochenes Muster, etwas Schlechtes ist. „Stopp" bedeutet ja, wenn man es wörtlich versteht: Da geht es nicht weiter. Genau dies ist jedoch (und hier wird es paradox), manchmal genau das, was hilft. Was also stimmt – unterbrechen oder nicht unterbrechen? Wie kann ich das wissen?

Aus diesem Dilemma kommen wir heraus, wenn wir uns überlegen, dass es sehr wichtig ist, sehr genau zu wissen, welches Muster unterbrochen werden soll und welches nicht. Wir bemerken, dass die Metapher „gestoppter Prozess" in Wahrheit natürlich zu einfach gedacht ist und, dass wir in Stunde vier differenzierter darüber nachdenken müssen. Der erste Gedanke: Den einen gestoppten Prozess gibt es eigentlich gar nicht. Wenn wir genauer überlegen, so wird deutlich, dass Menschen und Systeme als ein Geflecht von unzähligen Teilprozessen angesehen werden können, welches bis aufs Innigste in sich selbst verschachtelt ist. Da gibt es Prozesse, die selbst wiederum Teilprozesse von Teilprozessen sind. Jeder dieser Teilprozesse ist mit jedem anderen Teilprozess bis in seine kleinsten Verästelungen verwoben. Gendlin (2015) nennt dies „Alles-durch-Alles" (S. 108ff.) – alles ist durch alles, was sonst noch ist, schon von vornherein mitbeeinflusst. Ziehe ich, wie bei einem Mobile, irgendwo einen bestimmten Faden heraus, so verändert sich das ganze Gewebe. Gendlin unterscheidet dabei auch verschiedene „Phasen", in denen sich Prozesse befinden können. Meine Kollegin Sophie Holtmann und ich (Tony Hofmann) unterscheiden in diesem Zusammenhang drei unterschiedliche Möglichkeiten:

- Run: Prozesse ‚laufen' so, dass das, was von der innewohnenden Prozesstendenz zu deren eigenen Fortsetzung impliziert ist, tatsächlich auch geschehen kann.

- Stop: Es fehlt etwas, was zur Fortsetzung eines Prozesses notwendig wäre – der Prozess ist gestoppt, gestört oder behindert.

- Create: Der Prozess entwickelt aus sich selbst heraus (adaptive und maladaptive) alternative Fortsetzungsmöglichkeiten. (Holtmann & Hofmann, 2018)

Um nun darüber Aufschluss zu bekommen, welches Muster unterbrochen werden muss, ist es sinnvoll, sich zu überlegen, welche Teilprozesse gerade im Leben und in der Situation des Kindes existieren und welche davon sich in welcher der drei möglichen Phasen befindet. Eine kurze Prozessanalyse kann hierüber Aufschluss geben. Hier listet man einfach alle Prozesse auf, die im Leben des Klienten, des Kindes oder Schülers eine Rolle spielen. Dann unterscheidet man, welche Prozesse laufen (Run), welche gestoppt sind (Stop) und welche gerade aus sich selbst heraus kreative Auswege suchen (Create).

Das Ganze ist sogar noch etwas diffiziler. Manchmal kann es nötig sein, dass ein bestimmter Teilprozess unterbrochen sein muss (Stop), damit bei einem anderen Teilprozess die in ihm wohnende Kreativität aktiviert werden kann (Create). Es geht also nicht immer darum, die störenden Prozesse zu unterbrechen, sondern manchmal darum, andere Prozesse zu unterbrechen, die die Störung stabil halten. Wichtig ist hier ein feines subjektives Gespür, und auch die Kooperation mit den Personen (Kinder und Jugendliche, Störende, Klientinnen und Klienten), um die es geht. Kurz gesagt: Es muss sich auch für die Zielperson gut anfühlen, was wir tun. Auch bei der Musterunterbrechung wird deshalb die Verantwortung an die betreffende Person übergeben (ähnlich wie in Stunde 2).

Oft braucht es nach einer solchen Unterbrechung eine Pause, bevor man gleich das nächste Problem in Angriff nimmt. Ähnlich wie beim Training: Der Trainingsreiz ist die Störung des bestehenden Gleichgewichtes, der Trainingseffekt, die Anpassung, geschieht in der Pause. Je nach Art des

Reizes müssen die Pausen unterschiedlich lange dauern. In der Trainingslehre sprechen wir vom Trainingseffekt, in der Psychologie bzw. Psychotherapie eher von der Neuorganisation.

Praxisbeispiel (Christian Uebele)

Bei meiner ersten Arbeitsstelle an einer Klinik für Herzkreislauferkrankungen, bestand für Patienten eine Anwesenheitspflicht bei verordneten und terminierten Therapien. Ein Patient wollte mich damit provozieren, dass er zu Beginn des Trainings laut, für andere Patientinnen und Patienten hörbar, sagte: „Ich gehe jetzt spazieren, keine Lust auf Ergometer". Er rechnete nun mit einer Begrenzung meinerseits, was die Situation sicherlich hochgeschaukelt hätte. Obwohl erst 25 Jahre alt und Berufsanfänger, antwortete ich: „Dort oben, schauen Sie mal mit mir durch das Fenster, da ist ein herrlicher Waldweg, gehen Sie da spazieren. Viel Spaß." Darauf konnte er nicht mehr reagieren; es war jenseits aller Reaktionsmuster, auf die er vorbereitet war. Das übliche Muster war: „Das ist Pflicht, Sie müssen, sonst ...". Der Mann nahm sich eine kurze Pause vor der Türe, stabilisierte sich offensichtlich selbst und kam dann zurück, um mitzumachen. Er erschien dann täglich und motiviert zur Therapie. Das Problem wurde also durch einen musterunterbrechenden Impuls gelöst.

Für Ihren Alltag, kurz und prägnant

Finde einen musterunterbrechenden Lösungsimpuls, der etwas Festgefahrenes in Bewegung bringt; Pause, eventuell einen nächsten Lösungsimpuls, Pause etc..

Zitat: Albert Einstein (zugeschrieben): „Verrückt ist der, der immer die gleichen Dinge tut, aber andere Ergebnisse erwartet".

Stunde 5: Schätze Deine Impulse

Idee: Vertraue deinem Bauchgefühl nicht blind, sondern auf kluge Weise.

Problemsituation

Lösungen beruhen meist auf der Verbindung von Körper, Emotionen und dem Denken. Wer nur denkt, wird damit Probleme meist nicht lösen können. Wenn aber, im Gegensatz dazu, z.B. ein Lehrer in einem Konflikt mit einem Schüler ganz in seine Emotion geht – nach dem Motto „aus dem Bauch heraus ist gut" – dann fehlt die Verbindung zu den anderen Ebenen. Einhundert Prozent Emotion lassen eben auch keine stimmige Veränderung zu. Es geht in Problemsituationen also nicht darum, dass wir unsere Emotionen (unser Bauchgefühl) unkontrolliert ausleben. Das Problem liegt vielmehr darin, dass wir „negative" Emotionen oftmals abwerten, Angst vor ihnen haben. Dann wandern sie meist in den Hintergrund (im Sinne der Gestalttherapie: Perls, Hefferline & Goodman, 1997). Wenn sie dann, manchmal ganz plötzlich, aus dem „Dunklen" wieder hervorkommen, sind sie kaum mit den anderen Ebenen in Verbindung zu bringen, da sie mit voller Wucht den ganzen Raum einfordern. Diese Problematik gilt nicht nur für Kinder und Jugendliche, sondern auch für Pädagoginnen und Pädagogen, für Führende und Verantwortliche gleichermaßen.

Wirkung auf den gestoppten Interaktionsprozess

Unter anderem führen uns Watzlawick, Beavin und Jackson (2011) vor Augen, dass die verbale Kommunikation nur ein Teil der Kommunikation ist. Der Körper und die Emotionen sind ebenso maßgeblich beteiligt. Auch Damasio (1994) zeigt in der Theorie der somatischen Marker, dass das Erleben von Emotionen mit dem Körper einhergeht. Storch und Tschacher (2014) beschreiben, wie gelingende Kommunikation mit Körpersignalen und Bauchgefühl zusammenhängen (auch Lösungen sind oft Entscheidungen). Und körpertherapeutische Methoden wie Focusing (Gendlin, 1998; Cornell, 2005; Renn, 2016) beziehen den Körper und die ihm innewohnende „Weisheit" von vornherein in therapeutische und pädagogische Prozesse mit ein.

Wie wirkt es sich auf Verhaltensstörungen aus, wenn wir Emotionen und Körpersignalen Beachtung schenken? Generell gilt hier die Faustregel: Interaktionsprozesse im Ganzen sind immer dann gestoppt, wenn bestimmte Teilprozesse nicht vollständig integriert sind. Wenn also ein Mensch mit sich selbst nicht in gutem Kontakt steht (alle drei Ebenen sind innerhalb der Person integriert), so evoziert dies auch im Außen (in den sozialen Beziehungen) Konflikte. Wichtig wäre deshalb, anzuerkennen, dass die Emotionen da sind, dass sie dazu gehören. Auch großer Ärger darf ins Licht gelassen werden. Zugleich geht es darum, auch die anderen Ebenen, Herz und Kopf, mit „ins Boot zu holen". Ein solcher Moment der integrierenden, inneren Sammlung muss gar nicht lange dauern (3-10 Sekunden), und genau das kann man üben. Wenn ich innerlich gesammelt, und mit mir selbst verbunden bin, so kann es trotzdem sein, dass ich sehr emotional reagiere. Aber eben in Verbindung und nicht aus einer Trennung heraus.

Beim Lösen eines Problems geht es nicht darum, das Bauchgefühl, die emotionalen Impulse auszuschalten, um dem rationalen Verstand den Vorrang zu geben. Emotionen geben uns wertvolle Impulse. Wenn Sie sich beispielsweise über einen Klienten oder ein Kind ärgern, so kann das auf andere Themen hinweisen, als wenn Sie sich z.B. ohnmächtig oder traurig fühlen würden. Die Lösung wird dann eine andere sein. Gerade, wenn es schnell gehen muss (zum Beispiel bei einer Schlägerei auf dem Schulhof) ist der Verstand zu langsam, um eine schnelle Lösung herbeizuführen. Hier können wir auf ältere und basalere Teile unseres Gehirns zurückgreifen. Insgesamt geht es uns aber nicht um einen Kampf zwischen Verstand und Emotionen, sondern um deren Verbindung und um eine Reflexion des Zusammenspiels. Wenn wir uns in einem achtsamen „window of tolerance" befinden (vgl. auch Greenberg, 2006), so versinken wir nicht in den Emotionen, aber wir sind auch nicht von ihnen getrennt. Wir stehen mit ihnen in beständigem Fühlkontakt.

Auch Konflikte in Teams, in denen sich die „großen Kinder" streiten, sind meist nicht rein rational zu lösen. Wir Erwachsenen denken zwar, dass wir weniger emotional sind, aber das stimmt meistens nicht. Unsere Emotionen sind nur besser versteckt.

Interessant hierzu sind die Forschungsergebnisse bezüglich der Spiegelneurone, man könnte sie auch als Empathieneurone bezeichnen. Durch die Spiegelneurone sind wir tief verbunden mit den Handlungen anderer Menschen. Diese tiefe Verbindung meint den ganzen Menschen, insbesondere emotional, handelnd. Dieses Mitschwingen ist körperlich nachweisbar (Rizzolatti, 2006).

Praxisbeispiel (Christian Uebele)

Ein fast dreijähriges Kind bekommt einen heftigen Wutanfall und macht Dinge kaputt. Eine Erzieherin oder ein Erzieher kommt hinzu und stellt die Frage: „Warum machst du das"? Das Kind ist ganz emotional und körperlich präsent, die erwachsene Person reagiert ausschließlich verbal und rational. Dies nenne ich einen „Bruch der Ebenen". Das führt zu keiner Lösung, sondern verstärkt jetzt den Wutanfall sogar. Pädagoginnen und Pädagogen dürfen in ihren Körper und in ihre Emotionen hören und sich fragen, was jetzt die beste Reaktion ist. In diesem Fall braucht das Kind Halt und Gehaltensein, kein Warum oder gar die Steigerung: „Jetzt sei doch lieb...". Das Kind braucht offensichtlich zur Regulation einen spürbaren Halt von außen. Ein hinzukommender Erwachsener, der sich innerlich sammelt, begreift das, die Situation beruhigt sich und löst sich auf. Hier war also das Einschwingen auf die Ebene des Kindes wichtig. Emotionen mit einzubeziehen heißt also nicht in jedem Fall, schnell zu handeln, oft braucht es erst eine Unterbrechung des Gewohnten (Bezug zur Stunde 4).

Ich richte meine Aufmerksamkeit nach innen, höre auf die Botschaften meines Körpers und bleibe dabei auch in Verbindung zu meiner Reflexionsfähigkeit.

Stunde 6: Wechsle die Perspektive

Idee: Sehen Sie Ihr Gegenüber aus einer gesünderen Perspektive, als es sich selbst gerade sieht.

Problemsituation

Stellen Sie sich Folgendes vor: Zwei Menschen stehen vor einer auf dem Boden geschriebenen Zahl. Der eine sieht eine 6 und der andere, der gegenübersteht, eine 9. Beide haben – aus ihrem Blickwinkel gesehen – absolut recht. Das Problem kann nur dann gelöst werden, wenn sich jeder mal in die Perspektive des anderen begibt, also einen Perspektivwechsel vornimmt.

Dies ist jedoch nicht immer leicht. Besonders in Situationen, die Lyotard (1987) als Widerstreitsituationen bezeichnet, mangelt es systematisch an der Fähigkeit zu einem Perspektivwechsel. Die Personen, die in einer solchen Situation gefangen sind, sind in unterschiedlichen Normensystemen sozialisiert. Das bedeutet, dass die Normen, mit denen Person eins aufgewachsen ist, nicht dieselben sind, wie die Normen, in denen Person zwei aufgewachsen ist. Wenn man in einem Normensystem aufwächst, ist man sich dieses Systems jedoch nur zu einem sehr geringen Teil bewusst. Wie der Fisch im Wasser lebt man in diesem System und wächst darin auf, ohne überhaupt zu bemerken, dass es das System gibt.

In einer Widerstreitsituation wandert nun Person eins in das Normensystem von Person zwei. Der Fisch wird sozusagen in einen See mit einem anderen „normativen Wasser" umgesiedelt. So lange sich die Normensysteme noch einigermaßen gleichen, ist nichts daran problematisch. Manchmal jedoch geschieht es, dass es normative Widersprüche gibt, die nicht reflektiert werden (eben, weil wir es normalerweise nicht gewohnt sind, das uns umgebende Wasser zu reflektieren). Und in konflikthaften Widerstreitsituationen kann es nun vorkommen, dass ein solch unreflektierter Widerspruch sich zu einem „heißen" Konflikt auswächst, der sich immer mehr zuspitzt.

Dabei ist folgende Dynamik im Gange: Person eins verhält sich (unbewusst) gemäß ihres eigenen Normensystems. Dies jedoch kann im „fremden" Normensystem genau das Falsche sein. Person eins wird daraufhin von den Personen in Normensystem zwei gemaßregelt. Je mehr Person eins jedoch gemaßregelt wird, desto mehr versucht sie daraufhin, alles richtig zu machen. Dabei wendet sie (freilich unbewusst) wiederum ihre eigenen Normen an. Und je mehr sie sich anstrengt, alles richtig zu machen, desto schlimmer macht sie alles. Eine Dynamik des Misslingens setzt ein, die damit endet, dass diejenige Seite, die die meiste Macht hat, über die andere Seite triumphiert.

Sofern es nicht gelingt, zu irgendeinem Zeitpunkt in einem derartigen Prozess die Perspektive der jeweiligen Gegenseite zu übernehmen, läuft das Drama ab, ohne dass einer der Beteiligten auch nur ansatzweise versteht, wo das übergeordnete Problem liegt.

Die Perspektive einer anderen Person einzunehmen kann eine große Chance sein. Die Kinderpsychiaterin Thea Schönfelder geht sogar so weit, dass sie sagt: „Was mich von meinem psychotischen Mitmenschen unterscheidet, ist die Fähigkeit, ihn heiler zu sehen, als er es selbst vermag" (Schönfelder, zitiert nach Lütz, 2009, S. 43). Dies zeigt, wie mächtig und lösend allein ein Perspektivwechsel sein kann. Er kann wesentlich zu unserer Gesundheit beitragen. Daher steht zu Beginn dieses Abschnitts, dass Sie Ihr Gegenüber aus einer gesünderen Perspektive sehen können, als er sich gerade selbst sieht. Gerade, wer in einer Krise ist, sieht oft seine eigenen Ressourcen, deren er sich vor Jahren vielleicht noch bewusst war, nicht mehr. Genau diese Ressourcen und diese Kräfte, die nun verdunkelt sind, braucht es jedoch zur Lösung. Das Licht (die Perspektive) leuchtet nun wieder auf das, was an vergessener Stärke in einem Menschen da ist. Nicht der Mensch als solches ist krank, sondern er sieht hauptsächlich das Kranke in sich. Als (professioneller) Begleiter kann ich die Sicht auch auf das Gesunde lenken. Dies ist nicht nur für Therapeutinnen, Heil- und Sonderpädagogen ein wichtiger Hinweis, sondern für alle, die mit Menschen arbeiten.

Wirkung auf den gestoppten Interaktionsprozess

Das, was wir sehen, denken und fühlen, ist unsere Perspektive und nicht die Wahrheit. Es ist vielleicht unsere persönliche Wahrheit. Ein Perspektivwechsel ist die Voraussetzung für einen grundlegenden Respekt, und Respekt wiederum ist auch die Voraussetzung für einen Perspektivwechsel. Es geht darum, ein Thema durch die Augen eines anderen Menschen zu sehen, so dass nach und nach auch das größere Ganze sichtbar wird.

Nicht immer sind es völlig „fremde Fische", die in „unser Gewässer" kommen. Auch unterschiedliche Machtebenen können innerhalb eines einzigen Teams unterschiedliche Normensysteme kreieren. So gibt es z.B. Teams, die sich komplett gegen ihre Leitung einschießen. Die Leitung macht dann (in ihren Augen) alles falsch und ist für alle Probleme verantwortlich. In den Augen der Leitung erscheint das Team möglicherweise als halsstarrig. Die Frage, ob es für das Team möglich ist, auch nur minimal in die Leitungsperspektive zu gehen, die eingekeilt zwischen Träger und Team ihr Bestes versucht, klappt oft gar nicht. Und die Weigerung der Leitung, auch nur kurz etwas aus den Augen des Teams zu sehen, verhindert Lösungen. Ein Perspektivwechsel bewirkt, dass das Körnchen Wahrheit, welches in der Sicht des anderen liegt, die eigene Sicht komplementär ergänzen kann. Wir werden also „ein Ganzes", wenn wir die andere Perspektive mit zu unserem eigenen Denken hinzunehmen.

Noch subtiler läuft ein Widerstreit-Prozess ab, wenn die Gegenseite gar keine reale Person ist. Ein Beispiel: Bewegungsfreudige Kinder haben oft Probleme in unserem derzeitigen Erziehungssystem. Sie wollen einfach nicht still im Morgenkreis sitzen oder dann später in der Schule. Der Perspektivwechsel bedeutet hier, dass man anerkennt, dass sie uns auf ein großes Defizit in unserer Perspektive hinweisen: auf zu viel krankmachendes Sitzen und Bewegungsarmut im Alltag. Die Norm lautet: Lernen ist nur im Sitzen möglich. Dies ist jedoch eine Norm, die vielfach unhinterfragt im System liegt. Niemand der gegenwärtig Beteiligten hat das entschieden. Es ist jedoch durchaus eine Perspektive von vielen Erwachsenen. Hier kann ein Perspektivwechsel gesund machen, wenn man bedenkt, wie viele Menschen krank sind, weil sie sich zu wenig bewegen. Außerdem sind sogenannte hyperaktive Kinder dann eventuell gar nicht mehr auffällig. Dann sind die Kinder nicht krank, sondern die Art und Weise, wie wir auf diese Kinder geschaut haben.

Damit vertrete ich (Christian Uebele) keineswegs die Meinung, dass Bewegungsimpulse nicht kontrolliert werden sollten. Die Frage ist aber, welche Impulse gemäßigt werden könnten. Die Bedeutung eines Perspektivwechsels ist sowohl in vielen Coachings, als auch in der Pädagogik und bei Psychotherapieformen ein fester Bestandteil. Sowohl die bereits zitierte Kinderpsychiaterin Schönfelder und der Pädagoge Reichard, mit dem Künstlernamen Denker, thematisieren den Perspektivwechsel als zentrales Element in Pädagogik und Psychotherapie.

Der Psychiater Manfred Lütz (2009) schreibt in seinem Buch „Irre. Wir behandeln die Falschen": „Die Unfähigkeit, die Perspektive zu wechseln, wird psychiatrisch als Wahn definiert" (S.43). Schon der Titel des Buches ist ein Perspektivwechsel. Ähnliche Wechsel werden auch bei Arno Gruen (2002) und in der pädagogischen Literatur zur Kritischen Theorie (vgl. Stein & Müller, 2016) vorgenommen. Auch hier geht es immer wieder darum, auf die „Risse" in der Normalität unserer Gesellschaft hinzuweisen, und nicht nur auf die Personen, die gemeinhin als krank oder gestört bezeichnet werden. Alle Perspektiven sind gleichberechtigt von Belang.

Praxisbeispiel (Christian Uebele)

Ein Team hat sich sehr auf die Einrichtungsleitung „eingeschossen". Das Thema Leitung existierte auch schon vorher, war also auch bei den Vorgängern schon „schwierig". Ich wählte folgenden Perspektivwechsel: Ich stellte neben mich einen leeren Stuhl und sagte, dass die Personen sich jetzt dort platzieren können, welche die Einrichtung gerne leiten möchten. Also alles das, was kritisiert wird, nun besser machen könnten. Der Stuhl blieb minutenlang leer. Aber mindestens eine Person änderte genau ab diesem Zeitpunkt ihre Perspektive und ihr Verhalten gegenüber der Leitung. Aus einem Gegeneinander wurde ein Tandem. Voll und ganz in die Position der Leitung zu gehen, mit allen Konsequenzen, die Perspektive von Kritik auf Handlung zu wechseln, konnte hier eine Lösung herbeiführen.

Bei ständig verhärteten Fronten vergessen Teams oft ihre eigenen Ressourcen. Auch hier kann ein Perspektivwechsel auf die eigenen Fähigkeiten aufmerksam machen. Der Blick geht dann auf das Gesunde und Funktionierende.

Für Ihren Alltag, kurz und prägnant

Auch die Gegenseite hat eine Gegenseite (japanisches Sprichwort).

Stunde 7: Erkenne den Sinn darin

Idee: Jedes Verhalten stellt eigentlich einen Lösungsversuch dar, selbst wenn das nicht offensichtlich ist. Kann ich den Sinn dahinter oder darin erkennen?

Problemsituation

Auch wenn uns das Verhalten von Kindern, Kolleginnen oder Partnern auf die Palme bringen kann: Jedes Verhalten stellt oder stellte irgendwann einmal einen Lösungsversuch dar, sonst wäre es nicht vorhanden. Diese schlichte Tatsache gilt es anzuerkennen. Jedes Verhalten, so absurd es uns auch erscheinen mag, machte subjektiv einmal Sinn. Was von uns einmal als sinnvoll bewertet wird, wenden wir gerne mehrmals an, auch dann, wenn sich unser Alter, die Umgebung und die Menschen um uns grundlegend verändert haben.

Was damals Sinn machte, muss es heute nicht mehr tun. So gibt es Lösungsversuche (Verhaltensweisen), die lösen und solche, die nicht lösen. Wenn sich Kinder bewegen wollen, anstatt zu sitzen, so ist das eine lösungssorientierte Verhaltensweise, weil sie Sinn macht. Schlägt und beißt ein Sechsjähriger hingegen andere, so ist das ein Lösungsversuch, der nicht löst. Kinder werden auffällig, damit uns etwas auffällt. Insofern kann es wichtig sein, das tieferliegende Thema dieses Menschen zu sehen, anzusprechen und gemeinsam nach Verhaltensalternativen zu suchen, die lösen. Weniger die Frage nach dem Warum, sondern die nach dem Wozu ist hier angebracht.

Wirkung auf den gestoppten Prozess

Die Stunde sieben lässt uns zunächst mehr Respekt vor dem Verhalten eines anderen Menschen haben. Wenn wir uns dessen gewahr sind, dass da ein Mensch (vielleicht verzweifelt) versucht, ein Problem zu lösen, so denken wir nicht nur: Schreckliches Verhalten. Denn wir erfahren im Verhalten auch etwas von der Situation, in der sich dieser Mensch befindet. Stein (2015, S. 70) weist besonders darauf hin, dass im Kern einer jeden gelingenden Pädagogik das subjektive Erleben des Kindes steht, das auffällig ist. Wie erlebt das Kind also seine Situation?

Die zentrale Frage für uns Professionelle, die das Kind von außen betrachten, ist also, ob es ein Lösungsversuch ist, der löst oder einer, der nicht löst. Für Lösungsversuche, die nicht lösen, versuchen wir, Alternativen zu finden. Das Problem bzw. das Verhalten als Lösungsversuch zu sehen, entspringt der systemischen Sicht. Statt der Frage „Warum?" ist die Frage „Wofür?" lösend (Rotthaus, 2010, S. 99ff.; Furmann, 2015, S. 9ff.; Hergenhan, 2011, S. 35ff.).

Ein Beispiel: In den letzten Jahren kamen, nicht nur in Deutschland, Kampf- und Raufspiele in Mode. Der neue Lehrplan in der Schweiz, der LP 21, hat als eine Änderung im Sport die Einführung solcher Spiele festgeschrieben. Wenn wir beispielsweise das Bedürfnis von Kindern nach Kämpfen und Raufen unterdrücken, so kommt es früher oder später ungeregelt zum Ausdruck (siehe auch Stunde 5). Wenn Kinder also kämpfen wollen, so ist das ein Lösungsversuch von dem, was Erwachsene jahrelang häufig als „schlecht" unterdrückt haben. Es ist normal, auch mal zu raufen und zu kämpfen. Als Kinder nicht ständig unter Beobachtung von Erwachsenen standen (meine Generation, Christian Uebele) kam das ständig und selbstorganisiert vor. Erwachsene wollten dann das Normale „wegmachen", aber Kinder akzeptierten das nicht. Ein Lösungsversuch, der offensichtlich löste, da mit der Zeit auch Erwachsene einsahen, dass Kämpfen und Raufen einfach sein dürfen. Der Buchtitel: „Wo rohe Kräfte sinnvoll walten" (Beudels & Anders, 2006) greift genau diesen paradoxen Sachverhalt auf.

Doch die Sache ist manchmal noch etwas komplexer. In bestimmten Fällen versuchen Kinder auch, mit ihren Verhaltensweisen Probleme zu lösen, die sie eigentlich gar nicht lösen können. Denn diese Probleme liegen gar nicht in ihnen, sondern z.B. im Familiensystem. Liegt etwa ein Eltern-Konflikt vor, so kann es sein, dass das Kind lediglich Symptomträger ist, und gar keine Chance hat, mit seinem Verhalten die eigentliche Ursache des Konflikts zu verändern. Die systemische Familientherapie nennt eine solche Situation „Triangulierung" (vgl. Minuchin, 1977). Auch Seitz (1991) spricht sich dafür aus, immer das gesamte

Kontextsystem mit im Blick zu haben, wenn ein Kind verhaltensauffällig ist. Es spielt eben immer auch die Umwelt eine wichtige Rolle, wenn ein Kind ein konkretes, auffälliges Verhalten hervorbringt.

Der gestoppte Prozess kann hier also im System liegen, und das Verhalten des Kindes trägt tatsächlich etwas zum Lösen dieses systemischen Stopps bei. Nehmen wir an, ein Kind nässt ein – die Eltern sind durch dieses Problemverhalten abgelenkt von ihrem eigentlichen Paarkonflikt, da sie sich nun um ihr Kind sorgen „müssen“ – und das System bleibt weiterhin stabil. Das Verhalten des Kindes löst hier zwar, aber eben auf einer anderen Ebene, als es dem Kind guttäte. Das Kind löst den Konflikt der Eltern indirekt, unbewusst, und zu seinem eigenen Nachteil. Aus interaktionistischer Sicht wird hier der eine Prozesstopp (nämlich der im Elternsystem) aufgehoben, auf Kosten eines anderen Prozessstopps (nämlich dem im Kind selbst).

Zudem kann auch der Fall eintreten, dass wir mit Verhaltensweisen Probleme lösen, die schon lange nicht mehr existieren. Bode (2009) beschreibt sehr detailliert, wie sich sogenannte „transgenerationale Traumata“ von Generation zu Generation weitervererben, ohne dass die betreffenden Personen sich so recht bewusst sind, warum sie so handeln, wie sie es tun. So lösen wir manchmal (unbewusst) die Konflikte unserer Großeltern, die im Krieg eine schlimme Zeit erlebt hatten. Kriegsenkel „haben alle geistigen Voraussetzungen, um ein erfolgreiches Leben zu führen, doch bei der Mehrzahl vermittelt sich der Eindruck: Sie sind emotional blockiert, sie stehen privat oder beruflich auf der Bremse“ (ebd., S. 28). Die Ursachen hierfür erschließen sich für Bode häufig darin, die belasteten Geschichten der Großeltern zu reflektieren.

Die Kunst, lösendes von nicht lösendem Verhalten zu unterscheiden, ist damit oft dasselbe wie das Dechiffrieren der Botschaften, die in dem Verhalten liegen. Es gab immer einen situativen Kontext, in dem das Verhalten Sinn gemacht hat. Finden wir diesen Sinn, so sind wir davon befreit, dieses Verhalten in alle Ewigkeit fortführen zu müssen: ein Schritt hin zu eigener Autonomie.

Praxisbeispiel (Christian Uebele)

Max hat sich wieder im Kindergarten versteckt. Der Kindergarten ist sehr weitläufig mit einem angegliederten Saal, der auch als Bewegungsraum genutzt wird. Dieses Mal hat sich Max so gut versteckt, dass er nicht mehr gefunden werden kann. Eines der schlimmsten Szenarien für ein pädagogisches Team: Ein Kind ist weg. Überhaupt versteckt er sich täglich. Durch intensive Elternarbeit und auch einer Supervision bei einem erfahrenen Psychotherapeuten kam Folgendes ans Licht: Es gibt ein Familiengeheimnis, unter dem auch das Kind unbewusst stark leidet. Sein intensives Verstecken führte dazu, dass das Geheimnis ausgesprochen wurde, vor seinen Ohren. Ab diesem Tag spielte er vielfältige andere Dinge. Das Thema Verstecken hat sich aufgelöst. Ein für Verantwortliche nerviges und auch bedrohliches Verhalten hat seinen Sinn gezeigt.

Für Ihren Alltag, kurz und prägnant

Jedes Verhalten stellte zumindest einmal einen Lösungsversuch dar. Löst es heute noch immer?

Stunde 8: Stärke die Stärken

Idee: Lösungen haben nicht unbedingt mit dem Problem zu tun. Betrachte beides getrennt voneinander!

Problemsituation

Ein Vortrag der Traumatherapeutin Luise Reddemann, den ich (Tony Hofmann) im Jahr 2005 besuchte, führte mir sehr eindrücklich die Problematik vor Augen, dass Probleme sich immer weiter vertiefen und verschlechtern können, je stärker wir sie erkunden. Frau Reddemann führte uns als Beispiel für das, was nicht sinnvoll ist, eine Reihe von Zeichnungen vor, die im Abstand von mehreren Wochen und Monaten erstellt worden waren. Darauf hatten Patientinnen und Patienten, die traumatisierende Erfahrungen gemacht hatten, Themen aufgemalt, die sie belasteten. In der zeitlichen Abfolge der Bilder konnte man erkennen, dass die Symptomatik (zum Beispiel Angstzustände und Depressionen) immer schlimmer wurde. Es war auch über einen langen Zeitraum keine Besserung zu erkennen. Zwar würde man im Sinne psychoanalytischen Vorgehens erwarten, dass auf diese Weise unbewusste Konflikte nach und nach aufgedeckt werden könnten (Freud, 1923). Carl Gustav Jung, ein Schüler Freuds, der die Psychoanalyse weiterentwickelt hatte, hat selbst einmal in einem „roten Buch" über einen längeren Zeitraum systematisch innere Bilder aufgemalt (Jung, 2009). Dies half ihm, eine (Lebens-)Krise, in der er sich zu dieser Zeit befand, nicht nur zu überstehen, sondern konstruktiv zu nutzen (Kast, 2014).

Wir gehen auch im Alltagsdenken oft davon aus, dass man erst einmal das Problem verstehen muss, um eine Lösung zu finden. Eine solch „kühle", ja im Grunde naturwissenschaftlich geprägte Grundhaltung hilft uns in hitzigen Situationen oft weiter. Im Beispiel der Patientinnen und Patienten von Frau Reddemann brachte diese Vorgehensweise jedoch nicht voran. Im Gegenteil, es zeigte sich auch nach Monaten keine „Katharsis", keine lösende Erleichterung – ganz im Gegenteil. Auch aus der emotionspsychologischen Grundlagenforschung ist bekannt, dass emotionale Veränderungen nicht unbedingt dann erfolgen, wenn wir uns auf eine bestimmte Emotion konzentrieren (Bushman, 2002). So kann zum Beispiel das bewusste Einschlagen auf einen Boxsack dazu führen, dass Versuchspersonen sich in ihren Ärger noch mehr hineinsteigern. Es wird auf diese Weise immer schwerer, ihn loszuwerden.

Wie also gelingt eine nachhaltige Veränderung in einer solch verfahrenen, sich immer weiter verschlimmernden Situation?

Wirkung auf den gestoppten Interaktionsprozess

Ressourcen und Belastungen lassen sich mit einer Schaukel vergleichen. Es kann Sinn machen, zunächst die Ressourcen zu organisieren und zu aktivieren, bevor man sich den Problemen und Belastungen zuwendet. Wenn wir – vergleichbar mit einer Wippe – die Ressourcen hochfahren, können die gefühlten Belastungen automatisch nach unten bzw. zurückgehen. Dies gilt nicht nur für die Kinder und Jugendlichen, mit denen wir arbeiten, sondern auch für uns selbst. Bei Erwachsenen (Elternteilen) bzw. bei pädagogischen Fachkräften ist das Kippen in den Druck hinein eine sehr problematische Grundlage für den Alltag. Wenn wir dauernd unter Druck stehen, haben wir keine entspannte Basis, um stimmig und erfolgreich zu handeln. Der Psychiater Winterhof empfiehlt in diesem Fall einen 4-5 Stunden langen Waldspaziergang, alleine und ohne Ablenkung. Dieser Spaziergang stärkt unsere Stärken und hat alleine dadurch eine lösende Wirkung (Generalanzeiger Bonn, 2016). Es ist auch aus der psychologischen Grundlagenforschung bekannt, dass für eine nachhaltige emotionale Veränderung bestimmte Faktoren notwendig gegeben sein müssen. Zum Beispiel der innere Abstand, der zum affektiven Erleben eingenommen wird (Hofmann, 2010; Greenberg, 2006). Schlichte und kurze Freiraum-Übungen können hier eine erste Umorientierung und Verbesserung ermöglichen (vgl. Hofmann, 2020a, S. 5).

Wie lassen sich, darüber hinaus, Ressourcen gezielt aktivieren, direkt innerhalb einer pädagogischen Problemsituation? Ideen und Ansatzpunkte hierfür liefert die lösungsorientierte Therapie de Shazers, die radikal vom Problem absieht und nur noch auf die Lösung schaut. Seiner Erfahrung nach zeigte sich, „dass der Prozess der Lösung sich von Fall zu Fall stärker ähnelt, als die Probleme, denen die Intervention gilt" (de Shazer 1989, S. 12). De Shazer entwickelte hieraus ein differenziertes Schema von Möglichkeiten. Auch das vierphasige Arbeitsmodell des Psychotherapeutischen Zentrums, der Kitzbergklinik, in der ich (Christian Uebele) von 2006 bis 2009 arbeitete, hat die Ressourcenorganisation vor die Exposition gestellt. Vor dem Problem kommt also das Stärken der Stärken. Im sonderpädagogischen Arbeiten können zum Beispiel individuelle Entwicklungspläne erstellt werden, die von vornherein von den Stärken ausgehen (Eggert, 2000). Selbst bei der Exposition (Konfrontation mit der Belastung) betont Plassmann (2007) die Bedeutung des bipolaren Arbeitens. Die Belastung braucht als Gegenpol eine Ressource. Heilung geschieht dann, wenn zwischen Belastung und Ressource eine rhythmische Bewegung stattfindet (siehe auch Stunde 1). In der körperorientierten Traumatherapie (Levin et al., 1999) wird im Zusammenspiel mit der „belasteten" Körperstelle immer auch eine andere Körperstelle aktiviert, die sich gut und angenehm anfühlt.

Diese Herangehensweise können wir uns systematisch zu Nutze machen. In all dem liegt auch ein präventiver Aspekt. Es geht hier nicht darum, Scheinlösungen zu finden. Stunde 8 meint nicht, Unsicherheiten leichtfertig „wegzumachen" bzw. einfach besser verstecken zu wollen. In Unsicherheiten können auch Chancen liegen. Jedoch gerade dann, wenn Stärken systematisch organisiert sind, kann eine Unsicherheit besser angenommen und integriert werden.

Praxisbeispiele (Christian Uebele)

Als Bewegungstherapeut erlebte ich oft, dass Erwachsene mit großen Belastungen beispielsweise bei einem Ballspiel wieder an alte Stärken und Ressourcen aus ihrer Kindheit und Jugend erinnert wurden. Sie spürten eine Stärke und Freude in sich, die bis dahin von lauter Belastungen verdeckt war. Aus der Ressourcensicht fühlten sich die Belastungen schon kleiner an.

Im Psychotherapeutischen Zentrum arbeitete ich als Körpertherapeut auch in Einzelarbeit mit traumatisierten Patienten, die unerklärliche körperliche Schmerzen hatten. Meist wählte ich in diesen Fällen eine spezielle Technik aus der Craniosacral-Therapie. Erst, wenn der Patient mit seinen körperlich erlebten Ressourcen in Kontakt war, konnten wir an den belasteten Körperregionen arbeiten.

Für Ihren Alltag, kurz und prägnant

Über Probleme zu reden schafft Probleme, über Lösungen zu reden schafft Lösungen. Die lösungsorientierte Beratung macht sich dieses Prinzip gezielt zu Nutze (Pokora, 2012, S. 92).

Stunde 9: Frage nach

Idee: Jede Gruppe kann „umkippen", positiv wie negativ. Gib der Eigendynamik der Gruppe Raum, indem du alle Gegenimpulse zum aktuellen Geschehen (Kritik, Abweichungen etc.) klug integrierst.

Problemsituation

Lassen Sie uns eine Gruppe wie einen Organismus vorstellen, der krank werden kann. Einzelne Störungen des

Rahmens, Respektlosigkeiten und Übergriffe können für diesen Organismus infizierend wirken – die ganze Gruppe kann, ähnlich wie Dominosteine, „umkippen". Punktuelle Herde breiten sich dann aus und können sich bis zu einer Epidemie ausdehnen. Die Störenden (oder sogar Gewalttäter) werden dann zu den wahren Gruppenleitern. Daher der Vergleich mit dem Organismus; es ist in so einer Situation wie bei einer Grippe. Ganz unterschiedliche – bisher gesunde Stellen – werden infiziert und machen fortan auch Probleme. Die Menschen erkranken nach und nach, analog zur Gruppe. Da unterschieden sich Kinder gar nicht so sehr von Erwachsenen.

Wie ereignet sich eine solche Infektion? Gruppen können in ihrer Kommunikationsdynamik einem dialektischen Prinzip folgen. Das bedeutet: Zuerst schwingt sich die gesamte Gruppe auf eine bestimmte Position ein. Im Laufe der Zeit taucht jedoch irgendwo eine Gegenstimme auf. Dies ist etwas völlig Normales – fast jede Kommunikationsdymanik verläuft nach solchen Mustern. Schulz von Thun (1999) beschreibt beispielhaft vier, beziehungsweise acht, Kommunikationsmuster, die sich, wenn man sie einfach laufen lässt, gegensätzlich zueinander einstellen. Wenn da zum Beispiel jemand ist, der helfen will, gibt es auch jemanden, der Hilfe annehmen möchte. Schwierig wird es immer dann, wenn diese Muster verhärten. Wenn also aus dem Helfenden ein Mensch wird, der immer helfen muss, und nicht mehr aus dieser Rolle herausfindet. Und zugleich kann sein Gegenüber in eine abhängige Rolle hineinrutschen, die von Bedürftigkeit gekennzeichnet ist. Derartige Dynamiken sind oft unreflektiert, erst, indem wir über sie nachdenken, können wir etwas daran ändern.

Das Grundmuster an sich ist weder adaptiv noch maladaptiv. Die Dialektik, die zwei Seiten erschafft, ereignet sich einfach. Wenn z.B. eine Gruppe im Großen und Ganzen A sagt, dann wird früher oder später irgendwo ein kleines B auftauchen, das im Kontrast zu A steht. Das ist normal. Hilfreich ist es deshalb, diese Gegenstimme einfach anzuerkennen. Dann kann das Kontrastpotenzial der Dynamik (vgl. Hofmann, 2017, S. 451ff.) genutzt werden, um die gesamte Gruppe voranzubringen.

Wirkung auf den gestoppten Prozess

Die Lösung kann hier darin liegen, rechtzeitig und eher offensiv ein Stimmungsbild einzuholen – und zwar vor dem „Umkippen"! Heute bin ich (Christian Uebele) überzeugt davon, dass die meisten kaum noch gut lösbaren Probleme durch mangelndes Feedback, beziehungsweise mangelnde Kommunikation, entstehen. Zweihunderttausend Flugbewegungen auf der Erde pro Tag laufen wohl deshalb so reibungslos ab, weil es da ständige Feedbackschleifen gibt. Wenn nicht mehr gesprochen wird, kann eine Situation schnell entgleiten. Es kann zu Kettenreaktionen kommen. Wer mit Menschen (Teams, Eltern, Kindern, Gruppen, ...) arbeitet, braucht eine funktionierende Feedbackkultur. Sonst können Situationen als Ganzes kippen. Die Dynamik maladaptiver Interaktionsprozesse ist ab einem gewissen Punkt nicht mehr umzukehren oder aufzuhalten (vgl. Hofmann & Freitag, 2018). Feedbacks sind deshalb wohl der wichtigste präventive Baustein, damit es erst gar nicht zu Problemen kommt.

Außerdem ist ein gutes Gespür der Gruppenleitung hilfreich im Hinblick auf Narzissmus (Fromm, 1991; Wardetzki, 2019). Hier ist die Kritik der Störenden meist nicht inhaltlicher Natur, sondern es geht darum, das (fragile) Selbstbild des Kritisierenden zu stabilisieren. Als Referent sehe ich (Christian Uebele) in Sekundenschnelle, wer da ist, um unreflektiert zu kritisieren, zu stören, immer schlauer zu sein. Diese ein bis zwei Personen sind aber oft so laut, dass der Eindruck entstehen kann, dass eine allgemeine Unzufriedenheit herrscht. Ähnlich kann es in der Elternschaft einer Kita oder einer Schule sein. Unzufriedene, die laut sind, stecken eventuell die noch Zufriedenen an. Hilfreich ist es in solch einer Situation, wenn wir Feedbacks von allen Beteiligten einholen. Das hat dann den Vorteil, dass man sieht: Es sind ja nur ein oder zwei von zwanzig, die nicht zufrieden sind. Stärken Sie also in diesem Fall vor allem das Gesunde und schenken Sie dem Gesunden, beispielsweise durch Rückmelderunden, Gehör.

Praxisbeispiel (Christian Uebele)

Als ich die Lösungsuhr® Studierenden vorstellte, sagte einer von ihnen bereits nach 2 Bildern: Das kenne ich schon, das ist null-acht-fünfzehn. Dann schaute er wieder in sein Handy. Vom Co-Dozenten nach einigen Minuten angesprochen, ob sich sein Unbehagen geklärt hat, übernahm die Gruppe (ohne Aufforderung) die Aufgabe, Positives über das Angebot zu sagen. Die Dialektik griff also ganz von selbst. Darüber hinaus war es hilfreich, sich dem Störenden gegenüber nicht defensiv zu verhalten, nach dem Motto: „Hoffentlich ist der jetzt ruhig." So, wie ich (Christian Uebele) es als Anfänger oft gemacht habe. Vielmehr ist das Dozentenduo offen auf den Kritiker zugegangen. Dabei hat sich gezeigt, dass es im Prinzip nur einen gibt, der so denkt. Der Gruppenorganismus war noch im Rhythmus des Themas. So kippte die Stimmung schnell wieder in das weitere Interesse für das Thema. In den folgenden Sitzungen zeigte sich außerdem durch regelmäßiges Nachfragen durch den Dozenten, dass die inhaltliche Position des (anfangs) Störenden sehr bereichernd für die Diskussion war. Dieser Student war einfach ein Mensch, der es verstand, anders oder auch „quer" zu denken. Er wurde im Laufe des Seminars zu einer wichtigen und geschätzten (Gegen-) Stimme, die den Seminardiskurs konstruktiv mitgestaltete.

Für Ihren Alltag, kurz und prägnant

Lassen Sie sich von Störenden nicht in den Rückzug treiben. Gehen Sie offensiv auf die Störenden zu, versuchen Sie, sie einzubinden und ihnen Verantwortung zu übertragen. Fragen Sie im Zweifelsfall immer nach!

Stunde 10: Handle beherzt

Idee: Weniger reden, mehr handeln

Problemsituation

Manche Menschen wissen viel, aber sie können wenig. Begegnen wir einem Problem in der Haltung des Wissens, so schauen wir gewissermaßen aus der Vogelperspektive darauf und analysieren das, was uns in der Situation begegnet, (meist) mit vielen und weitschweifigen Worten. Wir systematisieren und wir theoretisieren. Wissenschaftliches Arbeiten geschieht manchmal auf diese Weise. Im theoriebildenden Kontext ist das ja auch sinnvoll. In der Praxis jedoch kommt es zugleich darauf an, dass aus Wissen schließlich wieder Handeln wird. Das bedeutet nicht, dass Wissen wertlos wäre. Sondern es bedeutet, dass das, was wir wissen, sich in die prozeduralen Abläufe der Interaktionsprozesse so einflicht, dass diese sich in Richtung Gelingen verändern können. Wissen bereichert dann das Können und steht ihm nicht als Gegenpol gegenüber. Wissen wird zu einer Ressource, die dem Handeln dient. Dieser Übergang, vom Wissen zum Handeln können, gelingt nicht immer. Dann reden wir, und wir reden und reden, jedoch ohne nennenswerten Erfolg.

Wissen, daran erinnert uns Stunde zehn, ist noch lange keine praxistaugliche Kompetenz. Beim Lehrplan 21, der gerade mit viel Aufwand in der Schweiz durchgesetzt wird, geht es um die Weiterentwicklung des Wissens hin zum Können. Wissen entwickelt sich so weiter zur Kompetenz. Auch in Deutschland ist die Kompetenzorientierung an Schulen, Universitäten und auch in Einrichtungen für junge Menschen (Kindergärten, Jugendzentren etc.) schon etabliert.

Wirkung auf den gestoppten Interaktionsprozess

Man könnte, wenn man die Sache zu einfach nimmt, annehmen, dass der Unterschied zwischen Reden und Handeln keiner weiteren Worte bedarf. Man könnte sagen: Es ist doch ganz klar, was gemeint ist: Rede nicht so viel, sondern tu endlich was!

Doch so trivial ist die Sache nicht. Denn es kann ausgesprochen gefährlich sein, zu sagen: Jetzt reden wir nicht mehr – jetzt wird gehandelt. Was, wenn aus dieser Haltung lediglich die Überforderung einer Erzieherin spricht? Was, wenn allein der Narzissmus eines Lehrers darüber bestimmt, was in der Gruppe getan wird? Beide haben dann nicht mehr das Kind im Blick. In beiden Fällen lägen übergriffige Handlungen vor, die dem Kind im Extremfall sogar massiv schaden könnten. Außerdem, und das ist fast schon paradox, kann stimmiges Handeln manchmal auch wieder ein Reden sein. Jedoch ist dieses Reden nun von anderer Qualität, wir reden dann anders, als das weitschweifige Reden zuvor. Wo genau liegt also der Unterschied?

Treten wir ein wenig zurück und ziehen wir die Prozesstheorie zu Rate. Im Prozessdenken unterscheiden wir mehrere Ebenen, auf denen Interaktionsprozesse ablaufen können:

- Auf der reinen Verhaltensebene stehen wir mit unserer materiellen Umgebung in direkter Verbindung. Wenn ich zum Beispiel durch eine geschlossene Tür gehen möchte, jedoch den Schlüssel nicht habe, komme ich nicht weiter (Gendlin, 2015, S. 195ff.). Daran lässt sich nicht herumdiskutieren.

- Auf einer symbolischen (oder auch kommunikativen) Ebene bekommen die materiell-situativen Gegebenheiten eine symbolische Bedeutung. Die Tür ist dann nicht mehr einfach nur ein Gegenstand, der mir den Weg versperrt. Sondern es taucht die Frage auf, wem der Schlüssel gehört, warum dieser Mensch entschieden hat, die Tür abzusperren und wie ich in den Besitz des Schlüssels gelangen kann (ebd., S. 247ff.).

- Gendlin unterscheidet von der Verhaltensebene und von der symbolischen Ebene noch eine dritte Ebene (ebd., S. 398ff.). Erst auf dieser Ebene können wir von adaptivem (d.h. auf „Gelingen" ausgerichtetem) Handeln sprechen. Erst von dieser dritten Ebene ausgehend lassen sich symbolische Bedeutungen (Ebene 2) und materielle Gegebenheiten (Ebene 1) so verändern, dass dies für das Gelingen des größeren Ganzen förderlich ist. Erst Ebene drei ist die Ebene, auf der wir als Handelnde ein ganzheitliches Gespür für Stimmigkeit entwickeln.

Woran also erkennen wir auf Gelingen ausgerichtetes Handeln? Zum einen können adaptive Handlungen etwas in den materiellen Bedingungen ändern (Ebene 1). Zum anderen greifen sie auch in symbolische Bedeutungen ein (Ebene 2). Dennoch dient das Handeln in beiden Fällen nicht unbedingt dem Gelingen. Erst, wenn Handlungen von der dritten Ebene her erfolgen, wenn sie sich also stimmig und klar anfühlen, sind sie erfolgversprechend. Wir setzen dann z.B. geeignete räumliche Begrenzungen (Ebene 1), oder wir bestehen auf Regeln (Ebene 2). Dabei vertrauen wir auf unser ganzheitliches Gespür (Ebene 3). Wir richten unsere körpereigene Kreativität, unseren inneren Kompass dann in eine Richtung aus, die für das Kind, für die Situation und für die Nachhaltigkeit des Prozesses zugleich förderlich ist (Hofmann & Heselhaus, 2018).

Lösungen, die von der dritten Ebene ausgehen, sind eindeutig. Kinder brauchen diese Klarheit fast immer. Sie „rechnet sich dann durch", von der dritten Ebene über Ebene zwei bis hinab auf die verhaltensbezogene Körperebene. Wenn wir bei Ebene zwei (bei den Worten also) stehen bleiben, verstehen Kinder dies oftmals nicht. Viele Worte zu machen und über das, was eigentlich eindeutig geregelt ist, zu diskutieren, kann diese Klarheit verhindern. Jesper Juul (2014) spricht in diesem Zusammenhang vom „Leitwolf", der wir für Kinder sein können. Was besprochen ist, muss nicht wieder und wieder hinterfragt und sich im Kreis drehend zerredet werden. Lassen wir also die Impulse, die von Ebene drei („Stimmigkeit") kommen, bis auf Ebene eins hinabsinken. Wenn wir nicht nur symbolisch (Ebene 2), sondern zugleich auch körperlich (Ebene 1) handeln, braucht unser Säugetiergehirn kaum mehr Worte. Körpersprache ist sehr mächtig und wird dann vom ganzen Menschen, vom ganzen Kind verstanden.

Natürlich gibt es viele Gelegenheiten, über die gesprochen werden kann, es kann einen großen Spaß machen, um Lösungen zu ringen, gedanklich neue Lösungen zu entwerfen. Wenn etwas im Symbolischen (Ebene 2) aber bereits sehr festgefahren ist, so kann es sein, dass das Verbale seine Grenzen erreicht hat. Die Kunst besteht dann darin, aus der dritten Ebene heraus sowohl auf der Verhaltensebene (Ebene 1), als auch auf der symbolischen Ebene (Ebene 2) zugleich zu antworten. Die Körpersprache ist in diesen Fällen echt und eindeutig. Und auch die Aussagen, die wir tätigen, sind getragen von einer inneren Klarheit.

Praxisbeispiel (Christian Uebele)

Ein Dreijähriger terrorisiert den Kindergarten. Er hält sich für den Chef, was er auch so verbalisiert (Ebene 2). Beim Spaziereingehen reißt er so an den Armen der Erzieherinnen, dass diese schmerzen (Ebene 1). Andere Kinder haben Angst vor ihm. Viel wird auf ihn eingeredet (Ebene 2), er lacht darüber. Alles läuft komfortabel für ihn. Bei einem Spaziergang, bei dem er wieder an den Armen reißt, bleibe ich mit ihm dann in einer Seitenstraße stehen (Bezug zur Stunde 4 / Musterunterbrechung, Antwort auf Ebene 1). Die Gruppe geht weiter und wir stehen da. Alleine diese Handlung, also ein deutlicher und spürbarer Stopp, verändert mehr, als die vielen Worte zuvor. Diese Handlung war die Basis für die Lösung des Themas (auf Ebene 2 und 1).

Für Ihren Alltag, kurz und prägnant

Ich spreche, denke und höre oft nur die Spitze des Eisberges. Das Wesentliche liegt oft darunter. Mein Herz navigiert in die Handlung und in der Handlung.

Stunde 11: Sei eindeutig

Idee: Wer versucht, andere zu kopieren, verliert den Kontakt zu sich selbst. Wer den Kontakt zu sich selbst hält, kommt auch in eine echte Beziehung mit den Menschen, mit denen er zusammenarbeitet.

Problemsituation

Authentisch sein heißt für mich (Christian Uebele), dass ich verinnerlicht habe, dass Lösungen, die bei anderen Menschen funktionieren, bei mir nicht auch automatisch funktionieren. Was in einem Fachbuch steht oder was angeblich schlaue Menschen an Lösungsmöglichkeiten vorgeben, macht nur dann Sinn, wenn es zu mir passt. Es geht darum, einen Double Bind zu verhindern, also eine Spaltung von dem, was wir tun und dem, was wir eigentlich sind (vgl. Sautter, 2016, S.72ff.). Wenn wir uns mental z.B. etwas antrainieren, was unser Körper bzw. unsere Emotionen nicht sind, dann werden wir unecht, die Körpersprache passt nicht mehr zu dem, was wir inhaltlich sagen. Ganz ähnlich wird das auch von Rogers beschrieben, der hier von Inkongruenz spricht (1987). Das, was im Organismus wirklich vor sich geht, passt im Zustand der Inkongruenz nicht mehr zu dem, was wir zu sein vorgeben. Mehr noch als das – wir fühlen uns dann auch von uns selbst entfremdet.

Wenn antrainiertes Verhalten nicht zu unseren Emotionen und zu unserem Körper passt, dann merken das besonders Kinder. Kinder sind in der Regel sehr ehrlich und haben feinfühlige Antennen für innere Unstimmigkeiten ihres Gegenübers. Dies ist besonders trickreich immer da, wo wir als Erwachsene nach bestem Wissen versuchen, etwas umzusetzen, wovon gesagt wird, dass es hilfreich ist. Besonders im Lehrerberuf ist diese Gefahr, alles richtig zu machen und dabei sich selbst zu verlieren, sehr groß.

Folgende Stufen der inneren Entfremdung lassen sich hierbei unterscheiden:

1. Überforderung: Menschen, die in lehrenden Settings arbeiten, bekommen per se eine Rolle zugeschrieben, in der sie mehr wissen und können, als diejenigen Menschen, die per Rollenzuschreibung die Lernenden sind. Diese Rollenzuschreibung kann anfangs vielleicht überfordern. Ein einzelner Mensch mag dies erleben als „ich muss erst in die Rolle der Lehrkraft hineinwachsen".

2. Abkoppelung: Gerade im Hinblick auf die schier unerfüllbare Menge der Kompetenzen, die eine Lehrkraft, für die ihr zugeschriebenen Rolle, eigentlich selbst innehaben sollte [...] ist es möglich, dass es zu einer Abkoppelung vom Erleben der Person von ihrer Rolle kommt (Ich - Ich Inkongruenz). Denn niemand kann es [...] auf Dauer aushalten, auf einer kognitiven Ebene zu wissen, was man alles können sollte; auf einer Erlebensebene jedoch zugleich der Tatsache gewahr zu sein, dass ich dies alles gewiss nicht kann.

3. Überformung: Als weitere „Gegenmaßnahme" (im Sinne einer Dissonanzreduktion) ist es möglich, dass es zu einer Verfestigung der vom abgekoppelten Erleben sich fortsetzenden Lehrerrolle im rein Symbolischen kommt. Symbolisches wird, Reich (2010) zufolge, gerade in pädagogisch geprägten Arbeits- und Lebenswelten überbetont. Auch der Erzieher „benötigt sein Imaginäres, um zu kommunizieren. Was aber, wenn er sein Imaginäres so eingerichtet hat, dass es symbolisch viel zu sehr überformt ist, dabei vielleicht sogar bis zur Unkenntlichkeit verstümmelt ist, kaum noch zugelassen scheint und mithin so dickflüssig und dröge wird, dass ein anderer, hier das Kind oder ein Lerner, sich wenig imaginär angesprochen fühlt" (91)?

4. Identifikation: Gerade dann, wenn ein System nur wenige Impulse von außen […] bekommt, besteht die Gefahr, dass Menschen, die beruflich in diesem System tätig sind, sich ihrer Rolle gegenseitig in zu starker Weise versichern. Schulen sind als solche Systeme anzusehen, denn anders als beispielsweise ein Wirtschaftsunternehmen, dessen Umsatzzahlen jederzeit einbrechen können, ist es nahezu sicher, dass es Schulen immer geben wird, da dies von staatlicher Seite garantiert wird. Die Folge im Bewusstsein der in diesem System Tätigen kann sein, dass sie irgendwann „vergessen", dass sie die Überformung ihrer eigenen Rolle einst selbst geschaffen haben, um sich vor dissonantem Erleben zu schützen. Gruen (2010) beschreibt einen solchen Vorgang geradezu als „Verrat am Selbst".

5. Generalisierung: Es ist möglich, dass eine derart gefestigte Lehrerrolle als strukturgebundener Kommunikationsprozess eine so starke eigendynamische und vom Individuum unabhängige „Durchschlagskraft" bekommt […], dass sie den tatsächlichen Kontakt von Individuen […] verhindert und dass sie auch in nichtschulischen Settings mehr oder weniger ohne Bewusstsein der tatsächlich gegebenen Situation angewendet wird: „Einmal Lehrer, immer Lehrer!" (Hofmann, 2017, S. 390f.)

Besonders schwierig wird diese Situation also immer dann, wenn wir die eigene organismische Innenwelt so weit abspalten, dass uns das selbst gar nicht mehr richtig bewusst ist. Dann werden wir zu theoriegeleiteten Automaten. Wenn wir unecht werden, so verlieren wir also nicht nur den Kontakt zu uns selbst, sondern auch zum Kind beziehungsweise zu unseren KlientInnen oder zum Team.

Wirkung auf den gestoppten Interaktionsprozess

Damit es nicht so weit kommt, ist es hilfreich, immer wieder auf innere Stimmigkeit zu achten. Wenn auch nur ein leiser Zweifel darin besteht, etwas zu tun, was „von oben" (oder z.B. von einem Lehrbuch) vorgegeben ist, so ist es unbedingt ratsam, diesen Zweifel ernst zu nehmen.

<u>Handeln Sie nur so, wie Sie es innerlich mit sich selbst vereinbaren können.</u>

Eigentlich müsste dieser Satz hier tausend Mal wiederholt werden. So schlicht, wie er ist, kann er leicht überlesen werden. Deswegen haben wir ihn groß gedruckt. Sonst würde er möglicherweise genauso leicht übergangen, wie das Gefühl von „jetzt ist gerade etwas unstimmig" im Alltag immer wieder leicht übergangen wird.

Oft wird dann z.B. versucht, eine fremde Lösung zu kopieren oder das eigene Handeln damit zu untermauern, dass es so in einem Fachbuch steht. Wenn wir nicht selbst spüren, dass wir etwas tun wollen, so leisten wir der inneren Spaltung weiter Vorschub. Die Stunde 11 gibt uns den fragenden Impuls: Bin ich wirklich einverstanden mit dem, was ich da gerade tue?

Sind wir innerlich (einigermaßen) kongruent, so kann es auch zu einer Lösung kommen. Kongruenz ist nicht gleichzusetzen mit unreflektierter Authentizität, die alles, was gerade an Affekt da ist, über ein Gegenüber „ausgießt". Selbstverständlich heißt professionelles Arbeiten, dass ich auch an schlechten Tagen reflektiert bleibe, also nicht meinen echten Ärger an Schwächeren auslasse. Eindeutig sein heißt auch nicht, dass ich mich nicht fortbilde, weil das eben nicht zu mir passt. Es heißt nicht, dass ich mich nicht in Frage stelle, weil ich Dinge eben immer so gemacht habe. Meine (Christian Uebele) Beobachtungen veranlassen mich zu dieser – eigentlich selbstverständlichen Einschränkung.

Am Ende gilt das Prinzip, dass Sie auch Vorschläge, die hier in diesem Buch gemacht werden, anhand des eigenen Erlebens auf Stimmigkeit prüfen und im Zweifelsfall abändern und verwerfen dürfen. Übernehmen Sie nur das, wozu Sie innerlich voll und ganz „Ja" sagen können. Wenn Sie dieses innere „Ja" nicht haben, ändern Sie unsere Vorschläge bitte nach bestem Wissen und Gewissen so ab, dass sie für Sie persönlich stimmig werden. Hier prägten mich (Christian Uebele) auch Vorträge von Katz-Bernstein: „Wenn Sie genau das machen, was ich sage, dann haben Sie den Kontakt zum Kind verloren".

Praxisbeispiel (Christian Uebele)

Immer wieder erlebe ich als Referent, dass Teilnehmer Rezepte einfordern. So wollte kürzlich wieder eine Teilnehmerin ganz genau wissen, wie ich in einer schwierigen Situation vorgegangen bin. Zurück am Arbeitsplatz hat das allerdings nicht funktioniert. Dabei hat diese Teilnehmerin nicht nur übersehen, dass es keine zwei gleichen Situationen gibt (sondern nur ähnliche Situationen, siehe Stunde 1), sondern noch entscheidender: Was für mich als 54-jähriger Mann echt und authentisch ist, war es offensichtlich für eine 30-jährige Frau nicht. Daher gibt es in meinen Fortbildungen auch keine Rezepte, sondern Konzepte. Mein Konzept sollte diese Frau nun sozusagen durch ihren persönlichen Filter laufen lassen, um alles herauszufiltern, was sie nicht ist. Gerade Kinder spüren sofort, ob wir echt und eindeutig sind. Die Lösung bestand also hierbei darin, nur das zu übernehmen, was auch zu ihr passt. Dann braucht es natürlich Korrekturen und die Lösung „des Falls" wird lebendig.

Für Ihren Alltag, kurz und prägnant

Eine Kopie funktioniert im Leben nie.

90

Stunde 12: Bleibe spielerisch

Idee: Meine Berührbarkeit macht mich menschlich, verbunden und souverän. Ich bin offen für neue Möglichkeiten.

Problemsituation

Oftmals ist es die Starrheit von Prozessen, die Lösungen verhindert. Alles, was organisch ist (und damit auch menschliche Interaktionen) lassen sich jedoch nicht in mechanische Schemata pressen. Wären menschliche Interaktionen Automotoren, so ließen sich Fehler leicht finden und beheben. Kaputtes Teil ausgetauscht – zack fertig – Motor läuft. In der Komplexität menschlicher Kommunikation jedoch ist die Sache nicht so leicht und eindeutig. Überall da, wo es kein vorgeschriebenes Ideal-Standard-Vorgehen gibt (also in 99% der Fälle) müssen adaptive Handlungsmuster erst erfunden, entwickelt und ausprobiert werden.

Bonelli (2014, S. 10ff.) macht deutlich, dass es in diesem Kontext keineswegs darum geht, sich keine hohen Ziele zu setzten, sondern darum, vor Fehlern keine Angst zu haben. Er zeigt, dass Interaktionen immer dann problematisch werden, wenn es in Wahrheit nicht um die Sache geht, sondern um das eigene Ich. Immer dann, wenn also der persönliche Narzissmus überhandnimmt, geht es nicht darum, etwas besonders gut zu machen, sondern darum, dass ich besonders gut bin. Dahinter steht eine tiefsitzende Angst vor Kritik und Abwertung. Ein zu großer Perfektionsanspruch macht starr und verhindert ein Ausprobieren von ungewohnten Handlungsoptionen, von denen Sie ja nicht wissen, ob sie dann fehlerfrei ausgehen. Somit berauben wir uns aus ichbezogener Angst neuer Handlungsoptionen, in denen eventuell die Lösung steckt.

Wirkung auf den gestoppten Interaktionsprozess

Die persönliche innere Erlaubnis, Fehler zu machen, ist eine Grundvoraussetzung für gelingende Veränderung. Nur, wenn wir berührbar sind, können wir kooperieren. Denn gestoppte Prozesse lassen sich meist nur dann nachhaltig aus dem Zustand des Stopps in Richtung Gelingen weiterführen, wenn es uns gelingt, dies gemeinsam zu tun:

Echte Gelingensprozesse sind hochkomplexe Vorgänge, die Zeit brauchen. Das Besondere dabei: Es ist nicht nur der einzelne Organismus, der sich an seine widrige Umwelt anpasst, sondern es ist zugleich auch die Umwelt, die sich in Wechselbeziehung mit dem Organismus verändert. Es ist das größere Ganze, das sich Schritt für Schritt in Richtung einer nachhaltigen Stimmigkeit verändert. Oder anders gesagt: Gelingen gelingt selten auf Einbahnstraßen – es erfolgt meist von mehreren Seiten her, als ein langsames wechselseitiges Einpendeln. Dann wirken Umwelt und Organismus Hand in Hand und irgendwann, ohne dass man so recht gemerkt hätte, wo eigentlich der Umschlagpunkt war, ist auf magische Weise alles ein bisschen besser geworden. Das Prinzip, das hier zum Tragen kommt, lautet: Interaktion zuerst. Die Kraft der Veränderung, die Dinge zum Guten wendet, liegt mehr im kreativen Zusammenspiel der einzelnen Akteure, als in den Akteuren selbst. (Hofmann, 2020b, S. 58f.)

Es ist also schlichtweg gar nicht möglich, als einzelner Akteur und alleine etwas perfekt hinzubekommen. Immer dann, wenn wir dies versuchen, bewegen wir uns zwangsläufig in die Richtung des Scheiterns.

Der Wissenschaftsphilosoph Karl Popper sprach einmal davon, dass die Wissenschaft sich Stück für Stück „empor irrt" (vgl. 1966). Eher suchend als findend, tasten wir uns voran, und nur dann, wenn wir Fehler machen dürfen, können wir überhaupt vorwärtskommen. So ähnlich ist das auch in der Pädagogik, in Psychotherapie, Beratung und in verwandten Feldern. Auch die Wirtschaft muss sich immer wieder neu erfinden, Produkte verbessern, erfinden und wieder loslassen. Überall da, wo menschliche Interaktionsprozesse wirken, sind Fehler notwendig. Nur durch das Zulassen von Fehlern können wir auch die feinen Punkte erkennen, an denen sich nach und nach Adaptivität herauskristallisiert. Nur, wenn wir zulassen, dass etwas misslingen kann, kann es überhaupt gelingen. Bollnow (1984) betonte in diesem Zusammenhang besonders den Wagnischarakter einer jeglichen Pädagogik. Dies gilt für alle verwandte Felder gleichermaßen.

Machen Sie sich also bewusst berührbar und verletzlich. Teilen Sie z.B. mit Ihren Kolleginnen und Kollegen mit, wenn Sie irgendwo nicht weiterwissen. Wenn Sie sich überfordert fühlen. Wenn Sie ärgerlich, frustriert, verzweifelt sind. Diese Informationen sind sehr wertvoll für den Gelingensprozess, denn auf diese Weise wird es Ihnen und Ihren Kolleginnen und Kollegen möglich, etwas über die Qualität der Interaktionen mit entsprechenden Kindern oder Jugendlichen zu lernen. Die eigene Verletzlichkeit wird auf diese Weise zu einer wertvollen diagnostischen Informationsquelle. Im Sinne einer Gegenübertragung kann sie außerdem indirekt Aufschluss darüber geben, wo sich das Kind am verletzlichsten fühlt.

In all dem liegt auch ein präventiver Aspekt: Souverän mit seinen Fehlern umzugehen, anstatt ständig Angst vor Fehlern zu haben, ist sicherlich eine der besten Vorbeugungen für das „Ausbrennen" am Arbeitsplatz. Die Vorstellung, perfekt sein zu müssen, ist ein Risikofaktor.

Die Stunde 12 erinnert uns außerdem auch an die wichtige Bedeutung von Humor. Dieser hilft uns, Abstand zu gewinnen und uns selbst aus einer gesunden Distanz heraus zu betrachten.

Praxisbeispiel (Christian Uebele)

Täglich bin ich mit Kindern konfrontiert, die Hilfe brauchen. Oft haben sie ein Defizitbewusstsein. Sie spüren schon sehr früh, dass ihr Verhalten, beziehungsweise ihre Entwicklungsverzögerungen, zu einer weiteren Unterstützung (neben u.a. Logopädie, Psychotherapie, Kinder-Physiotherapie…) führt. Auf Grundlage der Tradition der deutschen Psychomotorik, setze ich mir gerne eine Clownsnase auf, stolpere umher. Für alltägliche Dinge, wie das Aufschließen einer Türe, fordere ich Hilfe ein, genau bei denen, die laut Hilfeplan konkret hilfsbedürftig sind. Da ich schiele und mir das dreidimensionale Sehen fehlt, reichen auch gewisse Situationen aus, dass ich mich von selbst ganz unfreiwillig überfordert fühle. Es genügt schon ein Ball, der schnell aus der Luft kommt, damit klar wird: Auch Helfer sind manchmal hilflos. Wenn ich dann noch ein Tier malen soll, verschwindet endgültig die Vorstellung, dass der Helfer alles im Griff hat. Genau dieses ehrliche Menschsein ist der Beginn und die Grundlage einer tragfähigen Beziehung. Das Nichtverstecken meiner Schwächen und Behinderungen (Ist nicht jeder Brillenträger in gewisser Weise behindert?) zeigt dem Kind, dass es normal ist, Schwächen zu haben. So entsteht oft neues Selbstvertrauen und der Mut, sich spielerisch mit seinen Schwächen auseinander zu setzen.

Am Anfang meines Berufslebens habe ich versucht, diese Schwächen möglichst zu umgehen, also keine schnellen Bälle aus der Luft, kein Spiel ohne Brille. Ja, auch das lieben Kinder, wenn ich ohne Brille komische Dinge entdecke, die es doch gar nicht gibt.

Was für Kinder gilt, gilt ebenso für Erwachsene. Meine souveräne Mitteilung als Referent, dass ich zum Beispiel gerade aus dem Rhythmus komme, löst vielmehr Themen, als meine anfängliche Vorstellung: Hoffentlich merkt keiner, dass ich gerade unsicher bin... ich habe immer alles im Griff.

Für Ihren Alltag, kurz und prägnant

Meine Verletzlichkeit ist meine wertvollste Ressource. „Ich setze meinen Fuß in die Luft und sie trägt mich" (in Anlehnung an Hilde Domin).

4.   Der Lösungskreislauf

Die Uhr hat nun alle Stunden einmal durchlaufen. Betrachten wir sie als eine Art von Lösungskreislauf, so wird am Ende von Stunde zwölf deutlich: Bleiben Sie spielerisch! Verstehen Sie unsere Ideen als Anregungen zum Spiel. Wenn Sie versuchen würden, sie perfektionistisch umzusetzen, so würden Sie starr werden und letztlich am Pol des Bekannten kleben bleiben. Die Zeiger der Lösungsuhr® rücken deshalb am Ende einer Lösungszeit wieder weiter auf die Stunde eins, die uns nahelegt, den Pol der Starrheit zu verlassen und uns auf den Pol des Neuen zuzubewegen. Wagen Sie also mit diesem Schritt auch das Neue, Unsichere. Setzen Sie den Fuß in die Luft – Sie werden sehen, dass es irgendwo eine tragfähige Stelle geben wird. Vielleicht werden Sie diese nicht sofort entdecken. Vielleicht werden Sie erst ein paar Mal „daneben langen". Nur jedoch, wenn Sie in der Praxis unsichere Lösungen wagen, können sich Lösungen überhaupt ereignen. Nur dann kann langfristig gesehen Sicherheit entstehen, die verlässlich trägt. Dass dies früher oder später geschehen wird – das ist das Versprechen dieses Buches.

Literaturverzeichnis

Bandura, A. (1997). Self-efficacy: The exercise of control. New York: Freeman.

Bartusch, P. (2020): Verhaltensstörungen als maladaptiver Kommunikationsprozess auf sozialen Bühnen. Höchberg: ZKS – Verlag für psychosoziale Medien.

Bauer, W. (2018). Die Vereindeutigung der Welt: Über den Verlust an Mehrdeutigkeit und Vielfalt. Ditzingen: Reclam.

Bode, S. (2009). Kriegsenkel: die Erben der vergessenen Generation. Stuttgart: Klett-Cotta.

Bollnow, O. F. (1984). Existenzphilosophie und Pädagogik: Versuch über unstetige Formen der Erziehung (Aufl. 6). Stuttgart: Kohlhammer.

Bonelli, R.M. (2014). Perfektionismus Wenn das Soll zum Muss wird. München: Pattloch Verlag.

Bushman, B. J. (2002). Does venting anger feed or extinguish the flame? Catharsis, rumination, distraction, anger, and aggressive responding. Pers Social Psychol Bull 28:724-731.

Cohn, R. (1975). Von der Psychoanalyse zur Themenzentrierten Interaktion. Stuttgart: Klett-Cotta.

Cornell, A.W. (2005). Focusing. Der Stimme des Körpers folgen: Anleitungen und Übungen zur Selbsterfahrung (dt. Erstausg., 7. Aufl.). Reinbek bei Hamburg: Rowohlt-Taschenbuch-Verlag.

Damassio, A.R. (1994). Descartes' Irrtum. Fühlen, Denken und das menschliche Gehirn. München: List.
Denker, P. (2017). Schulen brauchen gute Lehrer. Norderstedt: BoD Books on Demand.

De Shazer, S. & Dolan, Y. (1989). Mehr als ein Wunder. Heidelberg: Carl-Auer Verlag.

Dittmar, V. (2015). Beziehungsweise. Beziehung kann man lernen. München: VCS Dittmar Ed Est.

Eggert, D. (2000). Von den Stärken ausgehen…: Individuelle Entwicklungspläne (IEP) in der Lernförderdiagnostik. Dortmund: Borgmann.

Eichendorff, J. Freiherr v. (1838). Deutscher Musenalmanach für das Jahr 1838. Online verfügbar unter http://www.lyriktheorie.uni-wuppertal.de/lyriktheorie/texte/1838_eichendorff.html, zuletzt geprüft am 18.06.2020 Freud, S. (1923).

Das Ich und das Es. Leipzig, Wien und Zürich: Internationaler Psychoanalytischer Verlag. Online verfügbar unter http://www.textlog.de/sigmund-freud-das-ich-und-das-es.html, zuletzt geprüft am 18.06.2020

Fromm, E. (1991). Die Pathologie der Normalität. Zur Wissenschaft vom Menschen. Weinheim/Basel: Beltz.

Fthenakis, W. E. (2009). Bildung neu definieren und hohe Bildungsqualität von Anfang an sichern. Ein Plädoyer für die Stärkung von prozessualer Qualität. In: I. Wehrmann (Hrsg.), Starke Partner für frühe Bildung: Kinder brauchen gute Krippen. Ein Qualitäts-Handbuch für Planung, Aufbau und Betrieb (S. 1-12). Weimar: Verlag das Netz.

Furman, B. (2015). Ich schaffs! Spielerisch und praktisch Lösungen mit Kindern finden. Heidelberg: Carl Auer Verlag.

Gendlin, E. T. (1997). Experiencing and the creation of meaning: A philosophical and psychological approach to the subjective. St. Evanston, IL: Northwestern University Press.

Gendlin, E.T. (1998). Focusing. Selbsthilfe bei der Lösung persönlicher Probleme. Reinbek bei Hamburg: Rowohlt.

Gendlin, E.T. (2015). Ein Prozess-Modell: Körper. Sprache. Erleben. Freiburg: Karl Alber.

Gerrig, R.J.; Zimbardo, P.G.; Graf, R. (2008). Psychologie (18., aktual. Aufl.). München u.a: Pearson Studium (ps Psychologie).

Greenberg, L.S. (2006). Emotionsfokussierte Therapie. Lernen, mit den eigenen Gefühlen umzugehen. Tübingen: Dgvt-Verlag.

Gross, C.P. (1998). Claude Bernard and the internal environment. (PDF) In: The Neuroscientist. Band 4, Nr. 5. S. 380–385.

Gruen, A. (2002). Der Fremde in uns (ungekürzte Ausg.). München: Dt. Taschenbuch Verlag.

Held, M.; Geißler, K. (1995). Von Rhythmen und Eigenzeiten. Stuttgart: Wissenschaftliche Verlagsgesellschaft.

Heregan, A. (2011). Wenn Lucas haut. Systemisches Coaching mit Eltern aggressiver Kinder. Heidelberg: Carl Auer Verlag.

Hoerner, W. (1993). Zeit und Rhythmus. Stuttgart: Verlag Urachhaus.

Hofmann, T. (2010). Emotionale Veränderungen beim expressiven Schreiben: Affektive Dynamik in Abhängigkeit von Emotionsausdruck, körperbezogener Aufmerksamkeitsfokussierung und emotionaler Distanzierung. Hamburg: Diplomica Verlag.

Hofmann, T. (2017). Experienzielle Kommunikation. Wie kann soziales Miteinander in komplexen Situationen gelingen?. Coburg: ZKS-Verlag.

Hofmann, T. (2020a). Sinn-Suche-Challenge Pro. Eine messengerbasierte geführte Focusinganleitung für Gruppen bis 15 Personen. Höchberg: ZKS-Verlag für psychosoziale Medien.

Hofmann, T. (2020b). Denken in Prozessen. Ein Paradigma für bewegte Zeiten. Höchberg: ZKS Verlag für psychosoziale Medien.

Hofmann, T. & Freitag, I. M. (2018). Der Interaktionsprozess als sonderpädagogischer Leitbegriff. Zeitschrift für Heilpädagogik, 8/18, S. 379-387

Hofmann, T. & Heselhaus, A. (2019). Gelingende Prozesse der Veränderung: Ein Kernmodell der Adaptivität. In: Emotionale und Soziale Entwicklung (ESE) in der Pädagogik der Erziehungshilfe und bei Verhaltensstörungen, 1/19, S. 150 -161

Holtmann, S.C. & Hofmann, T. (2018). Prozess - Interaktion - Erleben. Qualitätskriterien für eine gelingende sonderpädagogische Diagnostik. In: Behinderte Menschen, 4/5/2018 (41), S. 27-31.

Jung, C. G. (2009). Das rote Buch. Düsseldorf: Patmos.

Juul, J. (2014). Leitwolf sein. München: Mathias Voelchert Verlag.

Kast, V. (2014). Die Tiefenpsychologie nach CG Jung: eine praktische Orientierungshilfe. Ostfildern: Patmos Verlag.

Kriz, J. & Stumm, G. (2003). Aktualisierungstendenz. In: G. Stumm, J. Keil W. & W. Wiltschko (Hrsg.): Grundbegriffe der Personzentrierten und Focusing-orientierten Psychotherapie und Beratung (S. 18–21). Stuttgart: Pfeiffer bei Klett Cotta.

Levin, P., Frederick, A., Kierdorf, T., & Höhr, H. (1999). Trauma-Heilung. Das Erwachen des Tigers: Unsere Fähigkeit traumatische Erfahrungen zu transformieren. Essen: Synthesis.

Luhmann, N. & Schorr, K.E. (1982). Das Technologiedefizit der Erziehung und die Pädagogik. In: Ders. (Hrsg.): Zwischen Technologie und Selbstreferenz. Fragen an die Pädagogik. Stuttgart: Suhrkamp Verlag.

Lütz, M. (2009). Irre. Gütersloh: Gütersloher Verlagshaus.

Lyotard, J.F. (1987). Der Widerstreit. München: Fink.

Minuchin, S. (1977). Familie und Familientherapie. Theorie und Praxis struktureller Familientherapie. Freiburg (Br.): Lambertus.

Möckel, A. (1982). Die Zusammenbrüche pädagogischer Felder und ihre Ursprünge der Heilpädagogik. Zeitschrift für Heilpädagogik, 33, 77-86.

Perls, F.S.; Hefferline, R.F.; Goodman, P. (1997). Gestalttherapie. Grundlagen (4. Aufl.). München: Klett-Cotta.

Plassmann, R. (2007). Die Kunst des Lassens. Gießen: Psychosozial-Verlag.

Pokora, F. (2012). Ressourcen-und lösungsorientierte Beratung: Ein integratives Konzept für Therapeuten, Coaches, Berater und Trainer. Stuttgart: Kohlhammer.

Popper, K.R. (1966). Logik der Forschung (2., erw. Aufl.). Tübingen: Mohr

Reich, K. (2010). Systemisch-konstruktivistische Pädagogik. Einführung in die Grundlagen einer interaktionistisch-konstruktivistischen Pädagogik (6., neu ausgestattete Aufl.) Weinheim: Beltz (Beltz Pädagogik).

Renn, K. (2016). Magische Momente der Veränderung: Was Focusing bewirken kann. Eine Einführung. München: Kösel-Verlag.

Rizzolati, R. & Corrato.S. (2008). Empathie und Spiegelneurone Die biologische Basis des Mitgefühls. Frankfurt am Main: Suhrcamp Verlag.

Rogers, C.R. (1987). Eine Theorie der Psychotherapie, der Persönlichkeit und der zwischenmenschlichen Beziehungen. Köln: GwG-Verlag.

Rotthaus,W. (2010). Wozu erziehen? Entwurf einer systemischen Erziehung. Heidelberg: Carl Auer Verlag.

Sautter, C. & A. (2016). Wege aus der Zwickmühle. Ravensburg: Verlag für systemische Konzepte.

Schlippe, A. von & Schweitzer, J. (1996). Lehrbuch der systemischen Therapie und Beratung. Göttingen: Vandenhoek & Rupprecht.

Thun, Friedemann Schulz v. (1999). Miteinander Reden. Reinbek bei Hamburg: Rowohlt.

Seitz, W. (1991). Erscheinungsweise und Prozesse der Entwicklung von Verhaltensstörungen. In: Hansen, G. & Seitz, W. (Hrsg.). Entstehung und Behandlung von Verhaltensstörungen im Kindes- und Jugendalter (S. 7–46). Pfaffenweiler: Centaurus-Verl.-Ges (Reihe Pädagogik, 5)

Seitz, W. (1992). Problemlage und Vorgehensweise der Diagnostik im Rahmen der Pädagogik bei Verhaltensstörungen. In: Hansen, G. (Hrsg.). Sonderpädagogische Diagnostik (S. 107-139). Pfaffenweiler: Centaurus.

Seligman, M.E.P. (1999). Erlernte Hilflosigkeit. Weinheim: Beltz.

Speck, O. (1997). Chaos und Autonomie in der Erziehung. Erziehungsschwierigkeiten unter moralischem Aspekt (2., überarb. Aufl.). München: Reinhardt.

Stein, R. (2015). Grundwissen Verhaltensstörungen. Baltmannsweiler: Schneider-Verl. Hohengehren

Stein, R. & Müller, T. (2016). Wissenschaftstheorie für Sonderpädagogen. Ein Arbeitsbuch zu Theorien und Methoden. Bad Heilbrunn: UTB.

Storch, M. & Tschacher, W. (2014). Kommunikation beginnt im Körper, nicht im Kopf. Bern: Hans Huber.

Strack, F. & Deutsch, R. (2004). Reflective and Impulsive Determinants of Social Behavior. Personality and Social Psychology. Review 8(3): 220-247

Teichmann-Wirth, B. (2003). Fully functioning person. In: G. Stumm, J. Keil & W. Wiltschko (Hrsg.). Grundbegriffe der Personzentrierten und Focusing-orientierten Psychotherapie und Beratung (S. 133–135). Stuttgart: Pfeiffer bei Klett Cotta (Leben lernen, 155).

Thun, Friedemann Schulz v. (1999). Stile, Werte und Persönlichkeitsentwicklung. Differentielle Psychologie der Kommunikation. Reinbek bei Hamburg: Rowohlt-Taschenbuch-Verlag.

Uebele, C. (2007). Die Arbeit mit leibeigenen Rhythmen: Selbstorganisation und Heilung aus Sicht eines Körpertherapeuten. In: Plassmann, R. (Hrsg.). Die Kunst des Lassens. Gießen: Psychosozial-Verlag.

Uebele, C. (2015). Bewegt erleben – Verhaltensauffällige Kinder im Schulalltag. Seminarunterlagen für die Lehrerfortbildung.

Wardetzki, B. (2019). Weiblicher Narzissmus. Fühlen und Erleben in der Humanistischen Psychotherapie. Gießen: Psychosozial-Verlag.

Watzlawick, P.; Beavin, J.H.; Jackson, D. D. (2011). Menschliche Kommunikation. Formen, Störungen, Paradoxien (12. Aufl.). Bern: H. Huber.

Denken in Prozessen: Ein Paradigma für bewegte Zeiten

Tony Hofmann

——

Seiten: 120
Preis: € 14,90
ISBN (Print): 9783947502295
ISBN: 9783947502301

Unsere Zerbrechlichkeit ist unsere wertvollste Ressource

Eine unsichere Welt muss uns nicht grundlegend verunsichern. Probleme lassen sich lösen, Konflikte lassen sich klären. Die meisten Lösungen kommen jedoch nicht durch bloße Kraftanstrengung zu Stande. Wir erlangen immer dann Stabilität, wenn wir es lernen, uns liebevoll dem innersten Kern unserer Zerbrechlichkeit zuzuwenden. Sie kann zu einem inneren Kompass werden, der uns sicher durch das Chaos leitet. Gute Fragen für die Praxis helfen, gestoppte Lebensprozesse in Fluß zu bringen.

"Denken in Prozessen" ist eine leicht lesbare Einführung in Eugene T. Gendlins philosophisches Hauptwerk.